Ich widme dieses Buch meiner Tochter Jacqueline, die als Kind schlimme Demütigungen in mehreren Kinderheimen und der Kinderpsychiatrie erleben musste. Und den Opfern des politischen Missbrauchs der Psychiatrie in der DDR, denen ich weit mehr Verständnis und Hilfe in unserem wiedervereinten freien und demokratischen Deutschland wünsche.

Inhalt

Meine Eltern 7
Pfarrer Partetzke 10
Der Apfel fällt nicht weit vom Stamm 12
Die verräterische Fernsehuhr 16
Katastrophe in Prag 32
Unsere Pflegekinder 39
Meine erste Wohnung 43
Kinderschicksale 48
Beim Rat des Kreises 60
In der Psychiatrie 77
Rückkehr unerwünscht 108
Wie ein Augenblick mein Leben veränderte ... 129
Meine erste Bibel 138
Das verlorene Schaf 146
Schritt für Schritt in ein neues Leben 155
Mein erster Lobpreisgottesdienst 158
Mein Kind im Himmel 164
Segen empfangen und weitergeben 167
Angriff und Befreiung 171
Versöhnung und Berufung in Jerusalem 174
Vergeben oder Vergelten 179

Warum haben Sie das getan? 184
Und plötzlich rief er mich 192
Flieg, kleiner Adler, flieg 194
Josef im KZ Buchenwald 196
„Der kleine Adler verlässt das Nest" 201
Mein Vater 205
Der verlorene Sohn 211
Zum Schluss 230
Nachwort 233

Meine Eltern

Die Jahre nach 1945 waren eine schwere Zeit für meine Familie. Meine Eltern lebten in Thüringen. Dieses Gebiet war nach Ende des Krieges von den Sowjetrussen besetzt worden. Es gab Lebensmittelkarten und längst nicht immer genug zu essen.

Meine Eltern heirateten im Dezember 1949, also wenige Wochen nach der Gründung der DDR. Schon die Umstände der Hochzeit waren äußerst schwierig. Die Eltern meines Vaters waren Kommunisten. Der Vater meiner Mutter war ein Anhänger des Hitlerregimes gewesen, dazu Zellenleiter und Aufseher in einem Zwangsarbeitslager des KZ Buchenwald. Beide Familien bewohnten während des Krieges und danach bis zu ihrem Tod Einfamilienhäuser in einer Siedlung, für deren Bau die Hitler-Regierung sehr günstige Kredite vergeben hatte. Genauer: Die Familien meiner Eltern wohnten Zaun an Zaun! Die Eltern meines Vaters sagten zu ihrem Sohn: „Wenn du dieses Nazimädchen heiratest, betrittst du unser Haus nie wieder." Der Vater meiner Mutter sagte: „Den Kommunistenhund erschlage ich, wenn der in mein Haus kommt." Das war für meine Eltern hart, sehr hart. Wie sehr müssen sie sich geliebt haben, dass sie trotz dieser widrigen Umstände heirateten!

1950 wurde mein Bruder Peter geboren, elf Monate später mein Bruder Rolf. Da wohnten meine Eltern direkt neben dem ehemaligen Zwangsarbeitslager von Buchenwald. In diesem Lager arbeiteten während des Krieges etwa 1.000 Häftlinge des KZ Buchenwald. Es war eine

Munitionsfabrik. Auf dem Grundstück des Lagers hatte man Mehrfamilienhäuser gebaut, in denen die Aufseher wohnten. Die Offiziere wohnten ganz in der Nähe in einer Siedlung mit Einfamilienhäusern aus der Zeit des Dritten Reiches.

Mein Vater entlud nach Ende des Krieges seit der Stationierung der Russen für die Sowjetarmee Waggons bei der Bahn, die unter anderem Lebensmittel wie Fisch enthielten. Was machte ein Vater, der für seine Familie nichts zu essen hatte? Mein Vater steckte einen Fisch in die Hosentasche, die andere Woche noch einmal – und wurde erwischt, 1953, um den 17. Juni herum, als die Menschen in der DDR in Massen auf die Straßen gingen, um gegen die politischen Umstände zu protestieren. Damals war der Protest noch erfolglos, viele wurden verhaftet, verurteilt und für lange Jahre ins Zuchthaus gesperrt. Meinen Vater verurteilten die Russen zu drei Jahren Zuchthaus – wegen „fortwährender Transportberaubung", wie es in seiner Stasiakte heißt. Dazu mussten meine Eltern 5.000 Reichsmark Strafe bezahlen. Aus den Erzählungen meines Vaters weiß ich, dass er zwei Fische genommen hatte, um seiner Frau und seinen zwei Kindern etwas zu essen mitzubringen.

Wir waren für viele Jahre eine total verarmte Familie.

So hat diese Zeit uns schon als Kinder gelehrt, zu verzichten und mit dem zufrieden zu sein, was möglich war.

Herzen aus Stein

Als ich schon erwachsen war, erzählte mir meine Mutter einmal von ihren Eltern und ihrer Kindheit, nur ein Mal.

Geboren wurde meine Mutter 1926. Als sie sechs Jahre alt war, musste sie auf Kirschkernen knien und wurde von ihrem Vater mit der Peitsche geschlagen. Als meine Mutter vierzehn war, wurde sie in Stellung geschickt. Das heißt, sie musste im Haushalt eines Arztes arbeiten. Meine Mutter erzählte: Sie musste dort so schwer arbeiten, dass sie bewusstlos wurde. Meine Oma aber meinte, es sei an der Zeit, dass diese Inge endlich mal richtig erzogen würde. Damals war es durchaus üblich, dass die Mädchen als Haushaltshilfen in wohlhabenden Familien tätig waren. Aber die Art und Weise, wie meine Oma über meine Mutter redete und die abfällige Art meiner Mutter, über die Oma zu reden, waren bezeichnend. Es gab weder Verständnis füreinander noch Liebe.

Genauso verständnislos und lieblos war es von den Eltern meines Vaters, ihrem Sohn den Zutritt zu seinem Elternhaus zu verwehren, weil er ein Mädchen liebte, dessen Eltern eine andere politische Einstellung hatten. Meine Eltern erlebten kalte Herzen aus Stein.

Verständnis und Hilfe konnten meine Eltern bei ihren Familien also nicht erwarten, als mein Vater 1953 verhaftet wurde. Mit dieser großen Not waren sie völlig allein. Meine Mutter musste zusehen, wie sie die beiden kleinen Jungen versorgte. Die materielle Not war groß und die seelische Not vielleicht noch größer. Wer konnte meine Mutter trösten, wer machte ihr Mut, nicht aufzugeben? Irgendwo bei irgendwem hat meine Mutter Trost und Zuwendung gesucht – und Sex gefunden – und sie wurde schwanger. Das Elend nahm seinen Lauf. Die Abtreibung misslang und ich wurde am 25. Juni 1954 geboren. Da es bei der Geburt medizinische Probleme gab, wurde ich sofort in die Universitätsklinik gebracht, wo ein totaler

Blutaustausch erfolgt sein soll. Den ersten Überlebenskampf hatte ich gewonnen. Es sollte nicht der letzte gewesen sein.

Pfarrer Partetzke

Meine Mutter erzählte mir, dass 1954 die Kirche zu den Leuten nach Hause gekommen sei, um die Kirchensteuer einzutreiben. Meine Mutter hatte nicht genug Geld, um drei Kinder zu ernähren, und trat darum aus der Kirche aus. Des Geldes wegen? Weshalb sollte ich das anzweifeln? Vom Glauben wurde in meiner Familie nie gesprochen. Was nicht heißt, dass meine Mutter nicht an Gott glaubte. Ich habe allerdings nie auch nur ein Anzeichen gesehen, dass meine Mutter an Jesus Christus geglaubt hätte.

Am 3. Oktober 1954 brachte meine Mutter mich zum Pfarrer in die Kirche, legte mich auf seinen Amtstisch und sagte: „Machen Sie mit der, was Sie wollen. Die Hauptsache, sie wird mal anders als mein Vater." Wie schlimm musste es für meine Mutter in ihrer Familie gewesen sein, dass sie so etwas sagte!

Der Pfarrer Partetzke erzählte mir vierzig Jahre später, er sei in diesem Augenblick überzeugt gewesen, dass meine Mutter mich gern bei ihm abgegeben hätte, was er natürlich nicht dulden konnte. Aber die Not meiner Mutter konnte er gut verstehen und dass sie Hilfe brauchte, wusste er auch. Er hob mich empor zum Kreuz und betete etwa so: „Herr, du hast dieses Kind wunderbar gemacht, du hast gewollt, dass es lebt, und du hast einen Plan für dieses Kindlein. Dieses Kind gehört dir und dein Plan für diese kleine Karin soll in Erfüllung gehen. Halte du, allmächtiger Gott, deine schützende Hand über diesem Kind. Segne und behüte es und lass es deine Wege im Leben gehen." Dann segnete er mich mit dem Vers aus Johannesevangelium 13,7: „Was ich heute tue, das verstehst du jetzt nicht; du wirst es aber später begreifen."

So wurde ich Gott geweiht.

Meine Mutter brachte mir dagegen von klein auf bei: „Man hat nur vergessen, dich kleinerweise totzuschlagen; du bist ja sowieso zu nichts nütze." So wurde ich verflucht – von meiner Mutter.

Als Pfarrer Partetzke mir viel später diese Geschichte erzählte, sagte er mir auch, dass meine Mutter in einer schweren Notsituation und sehr verzweifelt gewesen sei. Von diesem Tage an hatte er für unsere Familie und speziell für mich gebetet. Ich wusste davon nichts. Aufgrund meiner Erziehung hätte ich das wahrscheinlich auch lächerlich gefunden. In unserer Familie wurde wie gesagt nicht über den christlichen Glauben gesprochen.

Als Pfarrer Partetzke 1985 in Pension ging, zog er aus dem Pfarrhaus aus und wurde der Nachbar meiner eigenen Familie, denn ich hatte 1978 bereits geheiratet und unsere Tochter war schon sieben Jahre alt. So wurden wir viele Jahre später im Plattenbau Nachbarn. Dadurch lernten wir uns persönlich kennen. Auch wenn er ein Geistlicher war und wir eine Funktionärsfamilie, hat uns das nicht an einem freundlichen und sogar persönlichen Umgang miteinander gehindert.

Zu seinem 80. Geburtstag durfte er noch erleben, wie seine Gebete erhört wurden. An diesem Tag wünschte ich ihm zum ersten Mal nicht mehr „alles Gute", sondern „Gottes Segen". Da hielt er meine Hände und weinte: „Das ist der schönste Tag in meinem Leben. Dass ich das erleben darf, dass Gott diese Gebete erhört hat, ist das größte Geschenk für mich. Bitte sagen Sie jedem: ‚Wer betet, siegt'!"

Der Apfel fällt nicht weit vom Stamm

Einige Zeit später erzählte mein Vater mir die gleiche Geschichte, wie Pfarrer Partetzke sie mir erzählt hatte.

Mein Vater sagte, er sei gegen die Taufe gewesen, denn wenn Eltern ihr Kind taufen ließen, so meinte er, dann müssten sie ihr Kind auch im Glauben erziehen. Er glaubte nicht an Gott und so entschloss er sich, mich in keiner Weise zu erziehen. Das hatte zur Folge, dass mein Vater mich nie bestrafte, aber auch nie beschützte. Er kümmerte sich nie um schulische Dinge. Ich kann mich nicht erinnern, dass er jemals eine Schularbeit unterschrieben hätte oder dass er zu einer Elternversammlung in der Schule war. Da ich als Kind von den Hintergründen seiner Entscheidung nichts wusste, war es für mich oft frustrierend, dass mein Vater nie für mich und meine Belange ansprechbar war. Es gab mir immer das Gefühl, nicht gewollt und nicht geliebt zu sein.

Trotz allem kann ich mich an eine sehr schöne Situation mit meinem Vater erinnern. Ich wünschte mir so sehr einen Bildband mit vielen schönen Fotos über das Kunstturnen. Denn ich liebte diesen Sport sehr und trainierte viel. Mancher behauptete, ich hätte in der Turnhalle Laufen gelernt und über dem Babykörbchen eine Reckstange gehabt. Ich war einfach talentiert und es fiel mir leicht. So brachte ich es zu recht guten Leistungen. Die Fotos in dem Buch zogen mich fast magisch an. Aber dieses Buch kostete 16,80 DDR-Mark. Ich hatte kein Geld, um es mir zu kaufen. In der Sportgemeinschaft trainierte ich zweimal wöchentlich kleine Schulkinder. Dafür bekam ich im Monat fünf Mark. Zehn Mark hatte ich mir gespart und mein Vater gab mir heimlich den Rest. Meine Mutter durfte davon nie und nimmer erfahren, „weil ich's doch nicht wert war". Mein Vater hätte richtig Stress mit ihr bekommen.

Von meiner Mutter bekam ich nie Taschengeld. Meine Brüder ja, aber ich nie. Ich sollte es mir selbst verdienen. Diese Art „Gerechtigkeit" war ich da längst gewöhnt, hatte ich doch beizeiten begriffen, dass man mich nur vergessen hatte, „kleinerweise totzuschlagen", weil ich ja zu nichts nütze sei. Einmal versuchte ich, meine Gleichberechtigung zu erkämpfen, was in einer Tracht Prügel endete, von der ich hinterher blaue Flecke am Körper hatte. Aber meine arme Mutter hatte es als Kind auch nicht anders gelernt. Sie bekam ja selbst statt Liebe und Zuwendung nur Peitschenhiebe.

Auch mein Vater machte es wie seine Eltern. „Bist du anderer Meinung, dann will ich mit dir nichts zu tun haben!" Mein Vater wandte sich ab und kümmerte sich nicht um mich, so wie es seine Eltern mit ihm auch gemacht hatten.

Als Schüler der achten Klasse mussten wir Kinder alle in ein Konzentrationslager fahren und uns anschauen und anhören, was die Nationalsozialisten für schreckliche

Gräuel verübt hatten. Heute will so mancher das unseren Jugendlichen „ersparen", weil es zu grausam wäre.

Nein, so finde ich, man sollte das den Jugendlichen zeigen, damit jeder begreift, wie schrecklich der Nationalsozialismus war. Aus meiner heutigen Sicht müssen wir Deutschen nicht für alle Zeiten in Sack und Asche herumlaufen wegen dieser Vergangenheit. Aber wir haben eine Verantwortung für die Geschichte unseres Volkes. Wir können keinen toten Juden wieder lebendig machen. Was geschehen ist, ist geschehen, so schlimm das auch ist. Aber wir können die jüdischen Menschen unterstützen und ihnen helfen, wir können zeigen, dass in Deutschland längst eine neue Generation herangewachsen ist, die aus der Geschichte des Zweiten Weltkrieges gelernt hat. Und das wird ja auch in vielfältiger Weise getan.

Bei diesem Besuch der Gedenkstätte in Buchenwald sahen wir die Verbrennungsöfen und erfuhren, dass sogar aus Menschenhaut Lampenschirme gemacht worden waren. Grausamkeiten, die unser Denkvermögen überstiegen. Dann zeigte man uns einen Film, in dem Naziverbrecher, die man nach dem Krieg dorthin gebracht hatte, das Lager aufräumen mussten. Es klang einfach schrecklich: „Man hat das Lager von Leichen geräumt."

Als ich das damals alles so sah, beschloss ich für mich, alles zu tun, damit es nie wieder Krieg geben sollte.

In der Schule sagte man uns immer wieder, dass viele Kriegsverbrecher aus der DDR geflohen waren und nun in der BRD lebten. Wir würden zwar keinen Krieg gegen die BRD führen, aber dennoch würde es eine „Kriegerische Auseinandersetzung" geben, den Kalten Krieg. Das war alltägliche Rethorik in den Schulen und Medien.

Als ich zu Hause meiner Mutter erzählte, dass die Faschisten (so nannte man die Nazis in der DDR) sogar aus Menschenhaut Lampenschirme gemacht hatten, war meine Mutter entrüstet. Sie schlug mich ins Gesicht und sagte: „Davon wird hier nie wieder gesprochen. Dein Großvater musste auch dort sein!"

„Was", fragte ich entsetzt, „die Faschisten haben Opa auch dort eingesperrt?"

Meine Mutter ging aus dem Zimmer und ich wusste, dass ich nie wieder danach fragen konnte.

Die Geschichte meiner Familie fing an, mich zu interessieren, aber ich hörte nie wieder etwas darüber.

Auch wenn wir die Geschichte unserer Vorfahren nicht kennen, hat sie doch gewaltige Auswirkungen auf unser Leben. Wenn Gott sagt, dass er die Sünden der Vorväter heimsuchen wird bis in die vierte Generation, dann tut er das auch (vgl. 2. Mose 34,7). In einem späteren Kapitel werde ich darauf noch genauer eingehen.

Als Kind und Jugendliche wusste ich von den Sünden meiner Vorfahren nichts, auch nichts von den Konsequenzen, die es für mich hatte. Mein Leben war für mich aber oft einfach enttäuschend, frustrierend, verletzend, demütigend, entwertend – alles Negative schien sich in mir gesammelt zu haben und ich wusste nicht warum.

Andererseits wurde ich dadurch eine Kämpferin. Ich unternahm wieder und immer wieder den Versuch, meiner Mutter zu beweisen, dass ich gar wohl nützlich war und etwas konnte. So wollte ich bei meiner Mutter Anerkennung bekommen. Meine Mutter zeigte gern anderen Leuten meine meist sehr guten Schulnoten. Wem musste ich nicht alles meine Zeugnisse zeigen! Oder ich musste meine Kunststückchen vorzeigen: Mit acht Jahren konnte ich schon Handstand an der Tischkante machen, natürlich bei gedecktem Kaffeetisch, und dabei einen Schluck Kaffee aus der guten Sammeltasse trinken. Ja, da war meine Mutter stolz auf mich. Aber nur so lange, bis der Besuch gegangen war. Wenn wir dann abends in der Familie wieder allein waren, bekam ich jedes Mal zu hören, dass ich ein Angeber sei. Dann wurde ich in mein Zimmer geschickt und bekam an dem Tag nichts mehr zu essen – weil ich's nicht verdient hätte.

Prügel und Essensentzug waren wichtige Erziehungsmittel meiner Mutter für uns drei Kinder. Der Teppichklopfer hing an der Tür des Kachelofens im Wohnzimmer, immer in Reichweite. Und meine Mutter fand oft Gründe, ihn zu benutzen. Aus der Schule eine Zensur schlechter als drei mit nach Hause zu bringen, hatte schmerzhafte Folgen. So büffelte ich, was das Zeug hielt. Mir fiel das Lernen leicht. Das war mein großes Glück.

Die verräterische Fernsehuhr

Als ich sieben Jahre alt war, kam ich zur Schule. Meine Einschulung 1961 fiel genau in den Zeitraum des Mauerbaus. Ich hatte nichts von der hochgefährlichen Situation des Kalten Krieges mitbekommen. Zu der Zeit ließ ich meine Kreisel tanzen und fuhr Roller. Was ich damals sehr ungern tat, war Stricken. Als Sechsjährige hatte meine

Mutter tatsächlich von mir verlangt, dass ich nicht nur stricken lernte, sondern vor meiner Einschulung für mich selbst eine Jacke strickte. Ich war immer ein lebhaftes Kind, das sich am liebsten den ganzen Tag bewegte. Das stundenlange Stillsitzen war eine Strafe für mich. Meine Mutter hatte in jeden Wollknäuel ein 50-Pfennig-Stück eingewickelt. Wenn ich das Knäuel verstrickt hatte, durfte ich mir etwas davon kaufen. Ich habe das gehasst. Einmal warf ich vor Wut das Geldstück in den Gully.

Meine Mutter war stolz darauf, dass ich doch tatsächlich zu meinem ersten Schultag eine selbst gestrickte Jacke trug. Ich mochte diese Jacke nie. Dennoch blieb mir die Freude an Handarbeiten, besonders am Stricken, mein Leben lang erhalten. In der DDR hatte ich nie einen gekauften Pullover oder eine Jacke. Ich machte alles selbst und hatte an den Gestaltungsmöglichkeiten meine große Freude. Auf diese Weise hatte ich immer individuelle Kleidung, was mir viel bedeutete.

Die politische Situation in der DDR war 1961, zur Zeit meiner Einschulung, sehr angespannt. Das Volk wurde bespitzelt und auf jede erdenkliche Art und Weise ausgehorcht.

Auch uns Kinder horchte man aus. So wurden wir gefragt: „Wer schaut abends das Sandmännchen?" Das war der Abendgruß des Kinderfernsehens. Viele Kinder meldeten sich. Und die Lehrerin weiter: „Nach dem Abendgruß, was seht ihr da auf dem Bildschirm?" Unsere Antwort: „Die Uhr." „Ja, Kinder", fragte die Lehrerin weiter, „hat die Uhr Punkte oder Striche?" Um 19.00 Uhr vor der „Heute"-Sendung des ZDF ist immer eine Uhr zu sehen. Damals hatte diese Uhr Striche. Die Uhr im DDR-Fernsehen hatte Punkte. Durch die Antworten der Kinder war schnell klar, wer zu Hause das „staatsfeindliche Westfernsehen" schaute. Jene Kinder, die die Uhr mit Strichen im Fernsehen sahen, brachten durch ihre Antwort ihre Eltern in echte Not. Diese bekamen „Besuch" von der Staatssicherheit (Stasi). Oder die Eltern wurden zum Schuldirektor vorgeladen, um zu prüfen, ob die Eltern überhaupt in der Lage seien, ihre Kinder zu selbstbewussten sozialistischen Persönlichkeiten zu erziehen. Aus solch kleinen Dingen konnten richtig schwerwiegende Probleme für eine Familie werden.

Schon zu Beginn des ersten Schuljahres war ich monatelang im Krankenhaus, sodass ich im ersten Halbjahr der ersten Klasse keine Schulnoten bekam. Wir bekamen damals schon im ersten Schuljahr Zensuren. Meine Lehrerin kam mehrmals in der Woche zu mir ins Krankenhaus und unterrichtete mich. Ich bekam Aufgaben, die ich dann im Bett erledigen musste. Wenn meine Lehrerin kam, war ich richtig stolz, denn andere Kinder hatten dieses Privileg nicht. Und deshalb machte ich auch die schriftlichen Arbeiten besonders gern. Als kranker Spatz bekam ich dann immer drunterschrieben: „Lob", sogar mit dem Rotstift der Lehrerin. Darauf war ich natürlich erst recht stolz.

Wir hatten damals noch großen Respekt vor unseren Lehrern. Wir hätten uns nie getraut, irgendetwas auf dem Lehrertisch anzufassen. Dem Lehrer das Klassenbuch hinterhertragen zu dürfen, war fast schon eine Auszeichnung.

Freundinnen oder Freunde hatte ich keine, eigentlich nie. Meine Mutter erlaubte mir niemals, eine Spielkameradin mit nach Hause zu bringen. Das durften meine Brüder auch nicht. So trafen wir uns dann eben auf der Straße. Allerdings hatte ich dafür nur sehr wenig Zeit.

Ab dem Schulbeginn lernte ich Flötespielen, beim Kapellmeister des Landestheaters, was auch ein großes Privileg war. Im Landestheater bekam ich auch Sprachunterricht. Ich lernte als sächsisches Kind Hochdeutsch zu sprechen und Gedichte zu rezitieren. In späteren Jahren lernte ich auch zu moderieren. Meine Eltern brauchten für all das nicht eine Mark zu zahlen. Man hielt mich für begabt und förderte mich. Die Talentförderung war in der DDR wirklich gut. Durch die hohe Geldstrafe, zu der mein Vater 1953 verurteilt worden war, waren wir wie erwähnt über viele Jahre hin eine sehr arme Arbeiterfamilie. Und doch konnte ich zwei Instrumente spielen lernen und Sport treiben. Mein Vater konnte ein Ingenieurstudium machen. Meine beiden Brüder studierten Mathematik und meine Ausbildung als Heimerzieherin und Grundschullehrerin entspricht wohl der heutigen Fachhochschule, allerdings ohne Abitur.

Aber es war Voraussetzung, dass die Eltern loyal gegenüber der diktatorischen DDR-Regierung sein mussten. Ich kann mich nicht erinnern, dass in unserer Familie auch nur einmal kritisch über ein politisches Thema gesprochen wurde. Ich hörte aber auch nie eine positive Äußerung über den DDR-Staat. Meine Mutter weigerte sich jedes Jahr, zur Demonstration am 1. Mai zu gehen, was mit Sicherheit eine Notiz in der Personalakte brachte. Sie weigerte sich auch mehrmals, zur Wahl zu gehen, womit sie ihre Ablehnung dem Staat gegenüber kundtat. Uns Kinder dagegen schickte sie überallhin, damit wir keine Probleme bekamen. Meine beiden Brüder und ich traten mit dem achtzehnten Geburtstag sofort in die SED ein, die Sozialistische Einheitspartei Deutschlands, wie die kommunistische Partei in der DDR hieß. Damit standen uns alle beruflichen Türen offen, viel weiter, als meine Mutter ahnte. Sie hätte das niemals erfahren dürfen. Sonst hätte sie uns aus dem Haus gejagt. Wir hatten wirklich Angst, dass sie es jemals erfahren würde.

In den Kulturhäusern gab es während meiner Kinder- und Jugendzeit noch viele Unterhaltungsabende mit Tanz, wo unsere Eltern gern hingingen. Einen DJ kannten wir noch nicht, es spielte jeweils eine traditionelle Tanzkapelle. Getanzt wurden die klassischen Tänze. In meiner Teenagerzeit kam gerade der Rock 'n' Roll in Mode, „was nur für junge Leute etwas war". Aber da war ich gerade richtig.

Meine Eltern sangen damals, in den 1960er- und 1970er-Jahren, in einem Volkschor. Diese Chöre traten dann an solchen Tanzabenden auf.

Jeden Dienstag war Chorprobe. Wir Kinder freuten uns jede Woche darauf. Denn wenn unsere Eltern aus dem Haus waren, saßen wir zu dritt oben im Doppelstockbett und spielten Skat. Ich war erst acht Jahre alt, da musste ich das lernen, denn meine Brüder brauchten den „dritten Mann". Ich glaube, ich habe meine Brüder ziemlich genervt und gereizt. Manchmal haben wir uns so gestritten, dass die Türen knallten. Für gewöhnlich ging das so lange, bis eine Tür aus der Angel sprang. Wir waren uns sofort wieder einig, weil die Tür an Ort und Stelle sein musste, bevor unsere Eltern zurückkamen.

Natürlich blieb meinen Eltern das auf die Dauer nicht verborgen, denn die anderen Hausbewohner beschwerten sich ständig und wir bekamen entsprechend Ärger.

Bald fanden meine Eltern es besser, wenn wir mit zu den Chorproben gingen. Auf diese Weise lernte ich schon früh viele schöne Volkslieder kennen und bekam Freude an der Volksmusik. Und wenn meine Eltern am Wochenende Chorauftritt hatten, durften wir Kinder dabei sein.

Nach dem Chorsingen wollte ich unbedingt auch tanzen. Meinem Vater war das wohl doch ein bisschen zu komisch, mit mir aufs Parkett zu gehen. So heuerte ich meinen Bruder an.

Mein Bruder war nur drei Jahre älter als ich und wir übten viel, um einen ordentlichen Walzer aufs Parkett zu legen. Ich war erst im Grundschulalter, als ich bei solchen Kulturveranstaltungen auf der Bühne stand und Gedichte aufsagte. Ein Gedicht habe ich im fünften Schuljahr selbst geschrieben:

Wie schön bist du, du Republik.
Wir halten mit dir gleichen Schritt.
Die Kriege werden wir verjagen.
Und alle werden des Friedens Fahne tragen.

Dieses kleine Gedicht hat nichts Besonderes, und doch ist es etwas Besonderes, wie ein Kind schon in diesem Alter seine Vorstellungen aufschreibt.

Damals war ich nur stolz darauf, weil ich immer wieder dafür gelobt wurde. Als Kind begriff ich nicht, weshalb. Ich wurde gelobt und freute mich. Das, was für mich heute besonders ist, ist der Inhalt, der Glaubensinhalt. Ich würde es heute „Kommunistische Religion" nennen. In der Bibel stehen Psalmen, Loblieder, die Gott ehren. Was war dieses kleine Gedicht anders als ein Loblied auf die selbst ernannten Götter Marx, Engels und Lenin. Dieses Gedicht ist in meinen Augen nichts anderes als das Ergebnis von Gehirnwäsche. Schon als Kinder wurden wir gelehrt, dass der böse Westen die Kapitalisten und Kriegstreiber beherbergte. Wollte man also die Kriege verjagen, musste man die Kriegstreiber bekämpfen und besiegen.

Das heißt nichts weniger, als dass man den Kapitalismus besiegen musste, auch mit militärischen Mitteln. So wusste ich als Kind, dass der Westen mein größter Feind war. Deshalb sang ich mit ganzer Überzeugung: „Auf, auf zum Kampf, zum Kampf sind wir geboren ..."

Schon früh wurden uns so Feindbilder vermittelt, Hass und Menschenverachtung in unsere Kinderherzen gesät. Spätestens als Jugendliche während meiner Ausbildung begriff ich, dass Christen gefährlich und böse waren. Eine Mitschülerin hatte sich vor Sehenswürdigkeiten in unserer Stadt fotografieren lassen, auch vor einer sehr schönen Kirche auf dem Marktplatz. Als sie uns die Fotos zeigte, sah ein Dozent das Bild, wo sie vor der Kirche stand. Das war der Grund, weshalb sie exmatrikuliert wurde, weil „das, was die Leute in der Kirche machen, nicht das ist, was unserer sozialistischen Erziehung entspricht". So wusste ich, dass Kirche etwas ganz Schlimmes war, wo ich niemals hingehen durfte. Bis dahin hatte ich nie etwas über Christen, Glauben oder Kirche gehört. Ich kannte auch niemanden, der zur Kirche ging. Nicht, dass ich es ablehnte oder kritisch sah. Ich hatte einfach gar keinen Bezug dazu. Die Kirchen in der Stadt waren für mich genauso Gebäude wie das Rathaus oder die Turnhallen und Kulturhäuser.

Das Schulgebäude, in dem wir als Kinder Unterricht hatten, war ein altes Gebäude. Schon meine Mutter war dort zur Schule gegangen. In den 1960er-Jahren waren die Geldmittel noch sehr knapp, sodass es seit dem Krieg keine wesentlichen Erhaltungsmaßnahmen gegeben hatte. Unser Klassenraum hatte zu meinem Leidwesen eine Tür, die immer wieder von selbst aufging, oder man musste sie zuknallen.

Der Schüler, der der Klassentür am nächsten saß, musste dem Lehrer zum Stundenbeginn die Tür öffnen und sie wieder schließen. Eine Zeit lang hatte ich diesen Türdienst zu tun. Unser Staatsbürgerkundelehrer, also Politiklehrer, konnte es gar nicht leiden, wenn ich diese Tür etwas knallte. Aber wenn die Tür im Unterricht von selbst wieder aufging, mochte er das auch nicht. Ich konnte es ihm nie recht machen. Eines Tages packte mich die Wut, ich krachte die Tür zu und sagte laut und verärgert: „Echte deutsche Wertarbeit!" Ich hatte glatt vergessen, dass ich den Mund halten sollte.

Jetzt musste ich nach vorn vor die Klasse kommen und erklären, was ich denn meinte mit „echter deutscher Wertarbeit". Ich hatte keine schlechten, gar staatsfeindlichen Gedanken. Mich hatte einfach nur die Tür aufgeregt und dass der Lehrer jedes Mal rummeckerte. Dank meiner Redegewandtheit, die ich damals schon hatte, konnte ich mich herauswinden: „Ich wollte sagen, dass in der DDR sehr gute Produkte hergestellt werden, die in der ganzen Welt gefragt sind." Da war ich gerade noch mal davongekommen.

Nach der Jugendweihe lernte ich Akkordeon spielen, auch beim Kapellmeister des Landestheaters. Eine meiner schönsten Erinnerungen war ein Wettbewerb, bei dem ich auf dem Akkordeon den Freiheitschor aus der Oper „Nabucco" von Giuseppe Verdi spielte. Ich gewann und bekam als ersten Preis ein Weltmeister-Akkordeon im Wert von 2.000 Mark. An manchen Abenden lud mich der Kapellmeister ins Theater ein. Dann durfte ich in der Regieloge sitzen und in der Pause durfte ich in sein Arbeitszimmer gehen, was eine besondere Ehre für mich war.

Ein Erlebnis werde ich nie vergessen. Es klopfte an des Kapellmeisters Tür und ein Musiker aus dem Orchester trat ein. Er verneigte sich und sagte: „Herr Kapellmeister, bitte entschuldigen Sie, ich habe mich im zweiten Akt verspielt." Wow. So etwas hatte ich zuvor noch nie gehört.

Ich verspielte mich im Akkordeonorchester sogar bei einem Solo, aber nie habe ich mich entschuldigt. Als mir das in der Orchesterprobe passiert war, sagte der Kapellmeister vor dem versammelten Orchester: „Karin, das machst du schon ganz gut, das ist nur noch nicht zu gebrauchen." Boa. Ich war wütend, nahm mein Akkordeon, ging nach Hause und kam nie wieder ins Orchester, nur noch zum Einzelunterricht. Der Kapellmeister hat nie wieder etwas dazu gesagt. Danach erst hatte ich das Erlebnis im Theater, als der Musiker sich entschuldigte.

Mehr als zwanzig Jahre später war ich in einer Kirche und probte mit dem Kantor für Weihnachten das „Ave Maria". Ich spielte Flöte und er begleitete mich an der Orgel. Zum selben Zeitpunkt war „mein" alter Kapellmeister auch in der Kirche. Ich stand mit dem Kantor oben auf der Empore, der Kapellmeister unten zwischen den Bankreihen. Plötzlich rief er nach oben, wer da sei. Ich schaute hinunter und grüßte ihn. „Du, Karin?" – „Ja, Herr Kapellmeister", war meine Antwort. Er sprang förmlich die Treppen nach oben, begrüßte den Kantor. Dann gab er mir die Hand und hielt sie fest. Er schaute mir richtig tief in die Augen. In dem Moment wusste ich, was er wollte. Mir schossen die Tränen in die Augen. Er fragte nur: „Warum?" Nach mehr als zwanzig Jahren schämte ich mich wie ein Kind und sagte kleinlaut: „Entschuldigen Sie, Herr Kapellmeister." Er hielt meine Hand immer noch und schaute mich immer noch an: „Lauf nie wieder weg. Das tut man nicht."

Ja, er hatte so große Stücke auf mich gehalten, hatte sich oft auch privat um mich gekümmert, weil er wusste, dass ich es zu Hause nicht leicht hatte. Mit neunzehn Jahren durfte ich schon ein Solo im Orchester spielen. Und dann lief ich einfach weg. Wie undankbar war ich doch!

Für ihn war die Sache mit meiner Entschuldigung erledigt. Für mich war es eine Lektion fürs Leben, gewiss eine späte Lektion, aber umso lehrreicher. Ich bin nie wieder einfach weggelaufen, ohne etwas zu sagen. Nun hatte ich seine Vergebung und war sehr froh darüber.

Dann gab er dem Kantor und mir fürs „Ave Maria" ein paar Tipps, hörte zu und meinte: „Hervorragend, Karin, wie immer." Wir hatten nach mehr als zwanzig Jahren Frieden geschlossen. Später erfuhr ich, dass er Christ war.

Diese öffentlichen Auftritte machten mich schon als Kind zu einer gewissen Persönlichkeit. In der Schule wurde ich ständig als Vorbild hingestellt, weil ja auch meine Schulnoten recht gut waren. Das erzeugte eine Distanz zu anderen Schülern und manchmal war ich auch ziemlich überheblich. In einem Zeugnis bescheinigte mir der Klassenleiter sogar ein „übersteigertes Selbstbewusstsein". Schon damals wurde ich beklatscht und auch beneidet. Als Jugendliche sagte ich mal einem solchen Neider: „Wenn du auch so viel übst und trainierst wie ich, dann kannst du das auch."

Heute weiß ich: Jeder Mensch hat Gaben. Es gilt sie zu entdecken und dann braucht es entsprechend viel Übung, Hingabe und Fleiß, um sie zu entwickeln. Ich habe als Kind nicht mit Puppen gespielt. Ich habe gelernt, geübt und trainiert. Es hat mir viel Spaß gemacht, aber es war auch harte Arbeit.

Zu diesen kulturellen Dingen trainierte ich noch zwei

bis drei Mal in der Woche Geräteturnen. Als ich acht Jahre alt war, fragte mich ein Trainer, was ich einmal werden wolle. Wie aus der Pistole geschossen antwortete ich: „Weltmeister!" Das bin ich zwar nie geworden, aber mir hat das alles richtig Spaß gemacht, bekam ich doch in der Turnhalle die Aufmerksamkeit und Anerkennung, die ich in meiner Familie nie hatte. Jedes Mal, wenn mein Name in der Zeitung stand, war meine Mutter total stolz, aber nur in der Öffentlichkeit. Zu Hause lief das anders ab. Meine Mutter hatte mir strickt den Leistungssport verboten. Ich durfte zwar zum Training gehen, aber nicht an Wettkämpfen teilnehmen. Lehrer, Trainer, Onkel und Tanten, Oma und Opa – alle versuchten, mit meiner Mutter zu reden. „Nein, ich verkaufe mein Kind nicht an den Staat", war ihr Argument. Das kam einer Aufforderung zum Lügen gleich.

Alle haben mich unterstützt. Da meine Mutter dafür sorgte, dass ich keine Sportkleidung hatte, außer für den Schulsport, bekam ich sie vom Sportverein. Die Kleidung blieb bei meinem Trainer. Wenn Wettkampf war, lud er oder meine Klassenleiterin mich an den entsprechenden Wochenenden zu sich nach Hause ein. So konnte ich zu den Wettkämpfen gehen.

Einmal gab es eine ganz dumme Situation. Ich hatte mir allerlei Lügen ausgedacht, was ich am Wochenende mit meiner Klassenlehrerin gemacht hätte. Meine Medaillen, die ich bei Meisterschaften gewonnen hatte, hatte ich vorsorglich im Schuppen in einem Schuhkarton versteckt. Am Dienstag stand dann allerdings in der Zeitung, dass ich im Wettkampf die Goldmedaille gewonnen hatte. Als ich aus der Schule kam, stand meine Mutter schon mit dem Ausklopfer in der Tür. Ich sah die Zeitung und ein

Bild von mir, und schon sauste der Teppichklopfer auf mich herunter.

Meine Mutter war nicht zimperlich. Sie war ja selbst mit Gewalt aufgewachsen. Sie wollte wissen, wo die Medaille war. „Im Schuppen", sagte ich weinend.

„Her damit", und schon zog sie mich die Treppen hinunter. Was, wenn sie den Schuhkarton entdeckt hätte? Zitternd vor Angst holte ich die Medaille und gab sie meiner Mutter. Wir hatten damals noch keine Toilette in der Wohnung, sondern über dem Hof ein Plumpsklo. Meine Mutter packte mich an den Haaren, nahm die Medaille und warf sie in die Jauchegrube, mit der Bemerkung: „Damit dir dieser Sportmist ein für alle Mal vergeht!"

Und wieder hörte ich sie sagen, wie unnütz ich sei und dass nur vergessen worden sei, mich kleinerweise totzuschlagen. Und auch diesmal sagte ich vor Angst kein Wort und wehrte mich nicht. Was sollte ich als Kind auch tun?

Das alles hinderte mich aber nicht, jede Gelegenheit zum Üben zu nutzen. So ging ich die Treppen öfters mal im Handstand nach oben. Die Teppichstange wurde zu meiner Reckstange, die Wiese zu meiner Turnmatte. Ich war wirklich quicklebendig und stillsitzen zu müssen war anstrengend wie Arbeit.

Oft lief ich weinend zu meiner Oma, der Mutter meiner Mutter. Zu meiner Mutter war die Oma vermutlich auch eine sehr harte Frau gewesen.

Aber mit mir ging sie sehr lieb um. Jedes Mal, wenn ich weinend kam, nahm sie mich auf den Schoß, zog ihr großes Taschentuch heraus und putzte mir die Nase. Dann kochte sie mir eine Tasse Kakao. Während die Milch heiß wurde, erzählte ich, was wieder passiert war. „Trink erst mal deinen Kakao, dann sieht die Welt wieder ganz anders aus." Das sagte sie immer. Und immer hatte sie recht.

Noch heute koche ich mir einen guten Kakao, wenn die Seele weint. Und noch heute sieht die Welt hinterher anders aus. Probleme löst das natürlich nicht. Irgendwann ist der Kakao kalt oder ausgetrunken. Unser Leben verändert das nicht. Da brauchen wir eher eine Veränderung unserer Denk- und Sichtweise auf die Dinge.

Nach der Wende traf ich zunehmend Christen aus den westlichen Bundesländern. Auf einer gemeinsamen Reise besuchten wir einen Pionierpalast, wo Kinder ein großartiges Kulturprogramm zeigten. Das versetzte mich in meine eigene Kindheit zurück. Ich erinnerte mich an die vielen schönen Auftritte und Wettkämpfe und genoss noch einmal das Gefühl als Siegerin mit dem Pokal in der Hand und der Goldmedaille um den Hals. Den Moment, als ich im Theater hörte, dass ich den Akkordeon-Wettbewerb gewonnen hatte, und das neue, für meine Eltern unerschwingliche Akkordeon der Marke Weltmeister um die Schultern gelegt bekam und vor Glückseligkeit einfach nur noch weinte. So wie für mich die Kultur und der Sport die Gelegenheiten waren, wo ich Zuwendung von meinem Kapellmeister und den Sporttrainern bekam, so war es wohl für diese Kinder nicht viel anders. Sie waren auserwählt, mit ihren Eltern in der Hauptstadt zu wohnen, Sport zu treiben und Musik zu machen. Diese Auftritte im Pionierpalast waren die Belohnung für viele Stunden Fleißarbeit. Der Beifall der Zuschauer war ihr Lohn.

Aber die Christen aus den westlichen Bundesländern sahen in den Kindern arme Opfer von Drill. Sie empfanden es als unmöglich, was den Kindern abverlangt wurde.

All unsere Erklärungen und Beteuerungen, wie gern wir Kinder im Kommunismus trainiert hatten, nützten rein gar nichts. Wir gerieten in der Gruppe deshalb echt aneinander. Da zeigte sich einmal mehr, wie wenig wir aus Ost- und Westdeutschland voneinander wussten, und wir wissen noch heute viel zu wenig voneinander.

Mich lehrten der Sport, die Musik und die Kultur, zu kämpfen, mich durchzubeißen, auch Niederlagen einzustecken. Und ich lernte, mich in der Öffentlichkeit zu bewegen. Ich hatte Umgang mit Persönlichkeiten, besonders im kulturellen Bereich, die das durchschnittliche Arbeiterkind nicht hatte. Das gab mir Selbstbewusstsein und vor allem ein Selbstwertgefühl, was für mich und meine Zukunft sehr wichtig wurde. Ich machte die Erfahrung, dass ich alles lernen konnte, wenn ich nur wollte und fleißig war. Sicher, ich weinte manche Träne, aber ich lernte, nicht aufzugeben. Ich fiel hin, aber ich stand auch wieder auf. Für mein späteres Leben war das vielleicht sogar lebensrettend. Denn ich sollte noch ganz andere Dinge durchkämpfen müssen.

Lehrer, Musiker, Trainer – das waren wertvolle und wichtige Menschen in meinem Leben, die mich, so gut sie konnten, unterstützt haben. Etwas wurde mir damals wichtig: Sie waren alle Parteimitglieder. In meinen Augen waren sie gute Menschen. Meine Eltern dagegen waren das nicht. Wie meine Mutter wollte ich nicht werden. Aber die Menschen, mit denen ich alltäglich zu tun hatte, waren für mich Vorbilder. So wollte ich auch werden. Das war für mich der Hauptgrund, weshalb ich sofort, als ich achtzehn Jahre alt war, in die SED eintrat. Das heißt, man musste sich erst als Kandidat ein Jahr bewähren. Dann wurde man Mitglied.

Ich wollte so gern zum Gymnasium und später Sport studieren. Trainerin für Geräteturnen wollte ich werden. Meine beiden Brüder waren bereits dabei, ihr Abitur zu machen. Sie haben dann beide Mathematik studiert. Meine Mutter war der Meinung, es sei genug, wenn die Jungen in der Familie studierten, einer sollte arbeiten gehen und Geld verdienen. Damit war ich gemeint. Die Jungen konnten von zu Hause ausziehen, weil sie für ihr Studium im Internat wohnen mussten.

Ich konnte das nicht.

Es war für mich schwierig, mit meiner Mutter täglich auszukommen. Sicher lag das nicht nur an meiner Mutter. Ich war ein Teenager und ärgerte mich oft darüber, dass mir dies und jenes verboten wurde, was andere Jugendliche in meinem Alter selbstverständlich durften. Oh ja, meine Zunge war manchmal ziemlich spitz. Aber meine Mutter wurde auch sehr schnell aggressiv und griff nach Gegenständen, um uns zu schlagen. Ihre Reizschwelle war schon immer sehr niedrig gewesen und wir hatten als Kinder oft den Teppichklopfer auf den Köpfen gehabt. Am Esstisch nahm meine Mutter mit Vorliebe den Messergriff und schlug uns auf den Kopf. Holzbretter mochte sie auch.

Meine Mutter hatte Erziehungsmethoden, wo ich mir schon als Kind schwor, dass ich das mit meinen Kindern mal nie machen werde. Heute weiß ich: Sie konnte es nicht anders. Wie ich bereits erzählt habe, hatte meine Mutter selbst als sechsjähriges Kind auf Kirschkernen knien müssen, um dann mit der Peitsche geschlagen zu werden. Sie war nie geliebt worden.

Trotzdem bin ich meiner Mutter dankbar für das, was sie mir auf den Weg ins Leben mitgegeben hat. Ich bin sauber und ordentlich geworden, fleißig, pünktlich, diszipliniert, wurde höflich und hilfsbereit. Ich lernte, im Leben „meinen Mann" zu stehen. Ich bin eine wertgeachtete und anerkannte Persönlichkeit geworden.

Das verdanke ich im Wesentlichen meiner Mutter. Wenn man sie heute fragen könnte, wäre sie sicher stolz auf ihre Tochter. Nur lieben konnte sie nicht. Jeder Mensch kann nur weitergeben, was er selbst bekommen und gelernt hat. Meine Mutter gab mir alles, was sie geben konnte. Als ich das verstanden hatte, war es nicht mehr schwer, meiner Mutter zu vergeben.

Nach der Schule entschied ich mich, Grundschullehrerin und Heimerzieherin zu werden. Dazu brauchte man in der DDR kein Abitur. Zu meinem Leidwesen war das Institut für Lehrerbildung in unserer Stadt. Ich hatte also keine Chance, auch in ein Internat zu gehen, sondern war weiter den Launen meiner Mutter ausgesetzt. Noch lange war das so: drei Jahre während der Ausbildung und auch noch die ersten Monate danach. Schmerzlich wurde ich immer wieder daran erinnert, dass „einer mal Geld verdienen" sollte. Meine Mutter verlangte den größten Teil meines Gehalts als Unterhalt. Mir sollte nur ein Taschengeld bleiben. Meine Mutter hörte auf zu arbeiten. Sie hatte nun mein Geld.

Katastrophe in Prag

Als ich vierzehn Jahre alt war, gehörte ich zu den wenigen Kindern und Jugendlichen, die in ein Ferienlager ins Ausland fahren durften. Wir fuhren nach Tschechien. Damals hieß das noch ČSSR, Tschechoslowakische Sozialistische Republik. Dorthin fahren zu dürfen, bedeutete eine große Auszeichnung. Das Lager war sehr einfach, mit eher schwierigen Bedingungen. Für uns Kinder war es aber sehr spannend. Keine festen Gebäude, nur Zelte; keine Betten, nur Matratzen und einfache Wolldecken; statt Sportschuhen Gummistiefel. Fließend Wasser und Waschgelegenheiten gab es auch nicht. Dafür fuhren wir zweimal in der Woche zum Duschen in eine tschechische Firma. Für uns Kinder war das alles ganz prima. Wir lebten fröhlich mit der Natur und dem Dreck. Gegessen haben wir aus altem Blechgeschirr. Unsere Koffer und Zelte wurden in einem alten Lkw transportiert, und unser Bus hatte auch schon viele Jahre auf dem Buckel. Uns Kinder hat das nicht gestört, für uns war das ein Abenteuer.

Organisiert und durchgeführt wurde dieses Kinderferienlager, so hieß das in der DDR, von der Firma meines Vaters. Das war in der DDR so üblich. Diese Ferienlager fanden jedes Jahr in den Sommerferien statt und dauerten drei Wochen. Für ein Kind kosteten drei Wochen 12 DDR-Mark! Das konnte jede Familie finanzieren. Wir hatten jeden Morgen Appell und dankten unserer Partei- und Staatsführung dafür, dass es uns so gut ging. Mir ging es wirklich gut und ich war dankbar, fand ich doch dort auch die Anerkennung, die ich zu Hause nie hatte. Jeden

Tag konnte ich mit Freunden verbringen, ganz anders als zu Hause.

Die Gruppenleiter waren auch Werktätige der Firma meines Vaters, keine ausgebildeten Pädagogen. Dafür waren sie aber „politisch fit", das heißt, wer auf die Kinder „losgelassen" wurde, musste in der Partei sein. Normalerweise war mein Vater Jahr für Jahr der Leiter dieses Ferienlagers. Aber in die Tschechoslowakei durfte er nicht fahren. Er war nicht in der Partei. Da er für seine Kinder und seine Frau 1953 zwei Fische gestohlen hatte und deshalb drei Jahre im Zuchthaus gesessen hatte, galt er für zwanzig Jahre als vorbestraft. Solche „Verbrecher" durften nicht in der Partei sein. War das Ferienlager aber auf dem Boden der DDR, wurde er jedes Jahr für seine „hervorragenden Leistungen bei der sozialistischen Erziehung der Kinder und Jugendlichen" ausgezeichnet. Das war nicht mit Logik zu erklären.

Wir verstanden das damals nicht. Ich war vierzehn Jahre alt und Jahr für Jahr war mein Vater mit im Ferienlager als Lagerleiter. Mir hat mein Vater gefehlt. Deshalb fragte ich, weshalb er nicht mit in die ČSSR fahren konnte. Meine Eltern sagten nur: „Diesmal sind die anderen dran. Vater bleibt mal zu Hause." Genauso wurde es mir von den Erwachsenen in der ČSSR gesagt. Aber ich spürte sehr wohl, dass man mir nicht die Wahrheit sagte, weder meine Eltern noch die Parteigenossen, die meine Vorbilder sein sollten. Halbwahrheiten oder gar Lügen waren das Normale in unserem alltäglichen Leben.

Wir waren solchen Entscheidungen einfach ausgeliefert. Jede Nachfrage brachte nur Kritik und Probleme mit sich. Also machten wir Kinder es genauso. So heißt es doch auch im Volksmund: „Wie die Alten sungen, so zwitschern auch die Jungen." Den wirklichen Grund, weshalb mein Vater nicht in die Tschechoslowakei durfte, erfuhr ich erst nach seinem Tod.

In der ČSSR gab es 1968 eine Reformbewegung der Intelligenz. Die Menschen wollten den „Sozialismus mit menschlichem Antlitz". Und sie forderten mehr Demokratie und Pressefreiheit. Dafür gingen sie auf die Straße. Daraufhin marschierten Truppen des Warschauer Pakts ein und erklärten diese Reformbemühungen, die angeblich den Frieden gefährden würden, für konterrevolutionär.

Es hätte ein erlebnisreiches Ferienlager werden können, wenn nicht gerade diese sogenannte Konterrevolution stattgefunden hätte. Diese Zeit der politischen Unruhen in der Tschechoslowakei wurde als der „Prager Frühling" bekannt. Uns Kinder lehrte man, es sei eine Konterrevolution, die den Frieden gefährde und deshalb gewaltsam zerschlagen werden müsse. Wir kannten die Wahrheit in dieser Angelegenheit genauso wenig wie in vielen anderen Dingen auch. Die Gehirnwäsche funktionierte. Wir Kinder schauten verächtlich zu den Tschechen, die unseren ach so schönen Sozialismus bedrohten. Und die tschechischen Menschen dort hassten uns, zum einen noch wegen des Nationalsozialismus und des Zweiten Weltkriegs, zum anderen, weil 1968 auch Truppen der DDR-Volksarmee einmarschiert waren.

Von einer Stunde zur anderen mussten wir unsere Koffer packen, Zelte abbauen, alles auf den Lkw laden und dann wurden wir einfach weggefahren. Man gab uns keine Erklärung, wohin die Reise gehen würde. Aber jeder von uns spürte: Der Ferienspaß ist vorbei. Der freundliche Ton unserer Gruppenleiter hatte sich in einen ernsten Befehlston verwandelt.

Wir wurden nach Lidice gebracht. Die deutschen Nationalsozialisten hatten dort im Zweiten Weltkrieg das ganze Dorf dem Erdboden gleichgemacht, die Männer erschossen, die Frauen und Kinder in die KZs verschleppt. Nach dem Attentat auf den deutschen Gauleiter Reinhard Heydrich in Prag hatten die Nazis die Bewohner dieses Dorfes für ihre Rache ausgesucht.

Dort führte man jetzt uns Kinder herum. Überall, wo einmal ein Haus gestanden hatte, lagen noch die Trümmer, die jeweils zu einem Schutthaufen aufgeschüttet worden waren. Und daneben hatte man ein Kreuz aufgestellt. Man hatte ein kleines Häuschen als Gedenkstätte errichtet, in der Art einer Bushaltestelle. Auf einer Holztafel waren die Fotos der Einwohner angebracht, die einst in dem Dorf gelebt hatten. Da war ein kleiner Tisch mit einer Kerze und einem Blumenstrauß. Wir Kinder standen alle um dieses „Mahnmal" herum.

Ein Tscheche, ein alter Bauer in Gummistiefeln und Arbeitskleidung, trat auf mich zu, zeigte mit dem Finger auf mich und sagte: „Du Deutsche, du Faschist!"

Ich brach in Tränen aus. Ich verstand die Welt nicht mehr. Ich war eine der besten Schülerinnen, war Mitglied der Pionier- bzw. Jugendleitung in unserer Schule. Ich redete ständig vom Frieden und hasste den Faschismus. Ich war wirklich ein friedliebender Mensch und gegen jede Gewalt. Und nun das?! Ich war erschüttert, und bestimmt nicht nur ich. Es ging mir durch Mark und Bein, wie man uns deutsche Kinder für das anschaute, was unsere Eltern getan hatten. Ich hatte im Krieg noch nicht einmal gelebt und wurde nun Faschist genannt. Das war ein wirklich schweres Erlebnis für mich, das ich nie vergessen werde. Aber so schwer es war, so wichtig war es auch für mich, für all das, was ich als Erwachsene noch mit der Vergangenheit meiner Vorfahren erleben würde.

Von Lidice aus mussten wir nach Prag auf den Wenzelsplatz. Dort standen Panzer, Soldaten waren zu sehen, Schüsse zu hören und Tote lagen etwas weiter entfernt von uns. Noch saßen wir im Bus. Aber wir mussten alle aussteigen. Unsere Papiere wurden kontrolliert. Wir hatten furchtbare Angst. Plötzlich befanden wir uns im Krieg. Da standen wir Kinder nun, dem Kommunismus treu ergeben und mit dem Wissen, dass die Partei für alles verantwortlich war. Die Partei hatte uns doch immer gesagt, was gut für uns war. Und sie war es doch auch, die uns hierher in die Ferien geschickt hatte. Und wo war die Partei jetzt, in dem Moment unserer größten Not?

Ich will damit deutlich machen, dass es ganz egal ist, ob wir die Bibel kennen oder nicht. Sie ist gültig, immer und für alle Zeit. Nie hatte ich etwas von Gott gehört. Ich wusste nicht, dass man zu Gott um Hilfe rufen kann: „Rufe mich an in der Not, und ich will dich retten und du wirst mich in Ewigkeit preisen", wie es im Psalm 50,15 steht.

Dagegen steht im „Kommunistischen Manifest": „Die Lehre des Karl Marx ist allmächtig, weil sie wahr ist." Komische Begründung für „Allmacht" – „weil sie wahr ist". Auf diese Weise wurde Karl Marx zu Gott gemacht und der Marxismus zur Religion, der wir täglich einfach ausgesetzt waren.

Und ich habe das geglaubt und tatsächlich gehofft, dass uns die Genossen jetzt beschützen würden. Aber wo war diese „wahrhaftige Allmacht" jetzt? Statt dass uns Hilfe geleistet wurde, machten die Russen die Fahrertür des Lkws auf und zerrten den Fahrer heraus. Er war ein Kollege meines Vaters und hatte vier Kinder. Er galt als ein vorbildlicher Genosse. Jetzt musste er den Russen zeigen, was auf dem Lkw geladen war, nämlich unsere Koffer und Zelte. Dann lud einer der sowjetischen Soldaten das Gewehr durch und schoss auf ihn, mehrmals. Der Mann war auf der Stelle tot.

Wir standen wie erstarrt da. Zwei Soldaten setzten sich in unseren Lkw und fuhren davon. Andere brüllten uns an und wir mussten wieder in den Bus steigen. Mit ihren Gewehren trieben sie uns hinein. Ich spürte einen Gewehrlauf im Rücken und hatte Todesangst.

Das war das erste Mal in meinem Leben, dass ich Todesangst hatte. Es sollte leider nicht das letzte Mal sein. Die Soldaten verließen den Bus. Nach einer Weile stiegen unsere Erwachsenen noch mal aus und holten den toten Kollegen in den Bus.

Dann fuhren wir einfach ab – nach Hause.

Von der Rückfahrt weiß ich nichts mehr. Wir standen wohl alle unter Schock. Keiner sprach, keiner aß etwas. Einige erbrachen sich. Auf der ganzen Strecke hielten wir nicht einmal an. Als wir in der Firma ankamen, waren unsere Eltern schon da. Ich weiß nicht, was die anderen Kinder machten, aber ich hielt mich zitternd an meinem Vater fest, wissend, es war nicht selbstverständlich, dass ich noch lebte. Ich sagte zu meinem Vater: „Vati, ich weiß jetzt, was Krieg ist. Ab heute kämpfe ich für Frieden und Gerechtigkeit, damit so was nie wieder passiert." Die kurze Antwort meines Vaters war: „Karin, Krieg ist noch viel schlimmer!" Ich war irritiert.

Zu Hause sprachen wir immer wieder über das, was in der ČSSR passiert war. Und immer wieder waren wir alle fassungslos und hatten keine Antwort auf die Frage: „Warum?" Wir haben nur geweint. Mein Vater kam von der Arbeit und berichtete, dass in der Firma nicht *ein* Wort über die Katastrophe gesagt wurde. Nicht einer verlor auch nur ein Wort darüber. Was hätte man denn auch sagen sollen? Dass unsere „Freunde" die besten Genossen erschossen? Die „Deutsch-Sowjetische Freundschaft" war nichts weiter als eine Fassade, von der Politik hochgejubelt. Die Meinung im Volk war ganz anders. Als die Russen 1945 unsere Stadt besetzt hatten, hatten sie Hunderte Frauen vergewaltigt. Sie hatten gestohlen, was zu greifen war. Sie hatten uns Deutsche gehasst, gehasst und gehasst. Und umgekehrt war das nicht anders gewesen. Freunde? Weit gefehlt. In Wahrheit haben wir die Auswirkungen dieses gegenseitigen Hasses erlebt. Aber das durfte keiner sagen.

Zu Beginn des neuen Schuljahrs nach den Sommerferien war das Erlebnis in der ČSSR das Thema Nummer eins. Es waren ja mehrere Kinder aus meiner Klasse betroffen.

Die Lehrer bemühten sich wirklich um uns. Natürlich gab es damals noch nicht so eine organisierte Krisenintervention und psychologische Betreuung, wie wir es heute kennen. Aber wir Kinder wurden immer wieder aufgefordert zu erzählen. Wir malten Bilder von dem Erlebten. Wir durften Fragen stellen. Ich hatte auch eine Frage: „Die sowjetischen Soldaten sind doch unsere Freunde. Warum haben sie dann unseren Lkw-Fahrer erschossen? Er war doch einer der besten Genossen."

Wie konnte ich nur solch eine Frage stellen! Wie oft hatten meine Eltern mir gesagt, ich solle in der Schule den Mund halten! Ich merkte mir vieles im Leben, aber nicht, dass ich den Mund halten sollte.

Mit dieser Frage hatte ich wieder mal ins Schwarze

getroffen. Außer sekundenlangem peinlichen Schweigen und dann einem abrupten Themenwechsel gab es allerdings keine Antwort, nicht an diesem Tag und auch an keinem anderen; niemals hörte ich eine Antwort auf die Frage, weshalb Freunde Freunde erschossen. Darüber durfte nicht gesprochen werden.

Unsere Pflegekinder

Meine Eltern hatten zwei Pflegekinder aufgenommen. Mein Vater war im Vormundschaftsrat des Landkreises und trug mit Verantwortung dafür, welche Kinder in welche Familien adoptiert wurden. Meine Mutter arbeitete ehrenamtlich fürs Jugendamt. Sie betreute schwierige Familien. Da konnte es schon mal vorkommen, dass fremde Kinder bei uns zu Hause ihre Hausaufgaben machten. Einmal im Jahr fuhren meine Eltern auf eine Studienreise mit dem Jugendamt. Dabei besuchten sie jedes Mal ein Kinderheim. Als ich in der neunten Klasse war, durfte ich mit auf die Reise. Wir besuchten ein Vorschulkinderheim. Kam doch ein kleiner Junge zu meiner Mutter gelaufen und sagte: „Gell, du bist meine Mutti. Holst du mich heute ab?" Ja, die Sehnsucht nach einer Mama und danach, endlich aus diesem Kinderheim abgeholt zu werden, war wohl der Traum aller Kinder dort. Denn sie waren entweder den Eltern weggenommen worden oder in seltenen Fällen Waisenkinder. Deshalb waren sie alle zur Adoption freigegeben. Wenn ich heute daran denke, wie viele Kinder in der DDR zwangsadoptiert wurden, wird mir bei dem Gedanken, dass ich damals viele solcher Kinder gesehen habe, die sehnsüchtig auf ihre Mama warteten, übel. Wie lieblos und unbarmherzig war doch der Kommunismus!

In einer Ansprache hörten wir, dass immer wieder Ehepaare kamen und sich ein Kind aussuchen durften. Sie konnten das Kind mit nach Hause nehmen und ausprobieren, ob es in die Familie passte. Wenn das so war, durfte dieses Kind bei seinen neuen Eltern bleiben. Gefiel ein Kind den Eltern nicht, kam es ins Kinderheim zurück. Diese Kinder wurden behandelt wie Ware mit Rückgaberecht.

Bei unserem Besuch wich der kleine Klaus nicht mehr von Mutters Schoß. Immer wieder musste meine Mutter ihm sagen, dass sie nicht seine Mama war, sondern eine Tante. Mir ging das so nahe, mir tat der Junge so sehr leid, dass ich meine Mutter bat, wir sollten ihn nur für ein Wochenende nach Hause holen. Zu Hause sprach ich flehend mit meinem Vater. Als meine Mutter erzählte, wie Klaus sie immer Mama nannte, gab mein Vater nach. Er war sonst gar nicht so hart. Aber vielleicht hatte er geahnt, was aus dem einen Wochenende werden würde.

So fuhr meine Mutter in das Kinderheim, um den kleinen Klaus für ein Wochenende abzuholen. Als sie im Kinderheim zur Tür hereinkam, rief Klaus: „Meine Mama holt mich jetzt für immer." Meine Mutter muss richtig erschrocken gewesen sein. Die Erzieher hatten sich so viel Mühe gegeben, um Klaus beizubringen, dass die Tante ihn abholte, dass sie aber nicht die Mama war; dass er die Tante und den Onkel besuchen und zweimal dort schlafen dürfe. Dann würde er wieder zurückkommen. Nichts hatte geholfen. Der Junge war völlig davon überzeugt, dass die Mama ihn für immer holte.

Im Bus bezahlte meine Mutter die Fahrkarten und Klaus fragte: „Mama, was gibst du dem Busmann?" Er wusste nicht, was Geld ist. Er war aber schon sechs Jahre alt und sollte im Herbst in die Schule kommen. Zum Frühstück gab es frische Eier. Klaus wusste nicht, was diese runden Dinger waren. Er kannte Eier nur gekocht, ohne Schale, oder gebraten. Ein Ei, wie es die Henne legt, hat er als Sechsjähriger noch nie gesehen.

Zu Hause angekommen, klebte er förmlich an meiner Mutter und sagte: „Stimmt's, du bist keine Tante, du bist wirklich meine Mama." Wir konnten ihm nicht mehr antworten. Weder mein Vater noch meine Mutter, ich auch nicht.

Abends brachte meine Mutter ihn ins Bett und erklärte ihm, dass er morgen auch noch mal hier schlafen durfte. „Und dann fahren wir zurück ins Kinderheim."

„Nein!", schoss es aus seinem Mund.

Am anderen Morgen hatte er hohes Fieber. Das ging den ganzen Tag über nicht herunter. Am Sonntag war es auch noch so. Meine Mutter informierte das Kinderheim und rief danach sofort den Notarzt an. Nur deshalb, weil die Heimleiterin verlangte, dass das Kind zurückzubringen sei, egal wie. Das ging meiner Mutter echt über die Hutschnur. Sie bekam vom Arzt eine Bescheinigung und Klaus konnte erst einmal bei uns bleiben. Aber er brauchte Kleidung. Mein Vater fuhr ins Heim und holte einen Koffer voll. Vor allem aber sprach er mit der Heimleiterin. Als er wieder nach Hause kam, sagte er: „Klaus kann drei Wochen bei uns bleiben." Wir waren platt. Was war mit meinem Vater passiert? Dann war er zum Jugendamt gegangen, ohne mit uns vorher zu reden. So etwas waren wir überhaupt nicht gewöhnt.

Schlussendlich kam es so weit, dass Klaus nie wieder zurück ins Heim musste. Meine Eltern nahmen ihn als Pflegekind auf.

Wir hatten nur eine sehr kleine Wohnung und Klaus musste auf einem Klappbett schlafen, bis zum Winter. Dann wurde es zu kalt für ihn. Wir hatten keine andere Lösung, als dass ich ihn mit in mein Bett nahm.

Durch den Besuch im Kinderheim und die Sache mit Klaus war ich genug motiviert, sodass ich gern Heimerzieherin werden wollte.

Es blieb nicht bei dem kleinen Klaus. Ein Jahr später nahmen meine Eltern seine jüngere Schwester auch noch als Pflegekind zu uns nach Hause. Kam ich von der Arbeit, sollte ich nun als Heimerzieherin die Heimkinder erziehen. Ich hatte die beiden Kleinen zwar lieb, aber ich war nicht bereit zu einer zweiten Schicht. Und nicht dazu, auch noch den größten Teil meines Gehaltes abzugeben! Nein, das sah ich nicht mehr ein. Ich war inzwischen einundzwanzig Jahre alt, arbeitete als Heimerzieherin und wollte gern meinen eigenen Haushalt haben, einfach, damit ich auch mal meine Ruhe vor meiner Mutter hatte. Ich war erwachsen, verdiente Geld und wollte mein Leben selbst bestimmen.

Meine erste Wohnung

Eines Tages hatte ich eine heftige Auseinandersetzung mit meiner Mutter. Es war wieder einmal Gehaltstag. Meine Mutter stand in der Tür meines Zimmers und hielt die Hand auf. Da nahm ich all meinen Mut zusammen und sagte etwas wie: „Nein, Mutti, du bekommst mein Gehalt nicht mehr. Ich will dir gern für meinen Lebensunterhalt etwas geben, aber nicht meinen ganzen Lohn. Für das viele Geld kann ich mir selber einen Haushalt aufbauen und das werde ich auch tun."

Die Faust meiner Mutter landete in meinem Gesicht. Ein Schneidezahn fiel zu Boden und Blut tropfte von meinem Gesicht. Ich hatte schon manches mit meiner Mutter erlebt, aber so etwas noch nicht. In diesem Moment hatte sie mein Herz zerschlagen. Egal, was sie in diesem Augenblick gesagt hätte – nichts hätte diesen Schlag gegen meine Seele rückgängig machen können.

Ich sagte kein Wort, ließ den Zahn auf dem Boden liegen und wischte auch nicht das Blut vom Gesicht ab. Ich nahm eine kleine Tasche und packte einige wenige Kleidungsstücke ein, mein Kuscheltier dazu. Dann nahm ich mein Moped und fuhr zur Bank, wo ich alles Geld, was ich besaß (500 Mark der DDR), von meinem Konto holte, denn meine Mutter hatte auch den Zugang zu meinem Konto verlangt. Die Bankangestellte kannte mich gut und fragte, was denn passiert sei. Weinend sagte ich: „Meine Mutter ..."

So blutverschmiert und völlig verheult fuhr ich zu meiner Tante, der Schwester meiner Mutter. Und wieder konnte ich nur schluchzen: „Die Mutti …" Da tat mein Onkel etwas, was ich nie vergessen werde: Er holte einen Lappen und wusch mir sanft und mit tröstenden, liebenden Worten das Blut vom Gesicht. Wenn doch nur einmal in meinem Leben meine Mutter ein solches Stück Liebe für mich gehabt hätte!

Ich blieb vorübergehend bei meiner Tante, wo auch die Oma mit im Haus wohnte. Bei meiner Oma fühlte ich mich richtig wohl, ja sogar geborgen. Wie oft war ich schon von meiner Mutter weggelaufen und zu Oma gerannt! Noch als großes Mädchen hatte Oma mir die Nase geputzt und die Tränen getrocknet und Kakao gekocht.

So war es auch diesmal, als ich blutverschmiert kam. Nachdem mein Onkel mich versorgt hatte, gab es von Oma eine Tasse Kakao. Nur sagte sie nicht mehr, dass die Welt anders aussehen würde. Diesmal weinte sie mit mir und klagte ihre Not über ihre Tochter, meine Mutter.

Während wir in der Küche saßen, machten sich zwei meiner Tanten, Schwestern meiner Mutter, auf den Weg zu meinen Eltern. Es muss eine heftige Auseinandersetzung gegeben haben. Mit entsetzten Gesichtern kamen sie zurück: „Karin, es gibt keinen Weg zurück nach Hause. Deine Mutti hat heute Worte gesagt, sodass wir dich bitten, nicht mehr allein zu deinen Eltern zu gehen."

Ich kann nicht beschreiben, was für Gefühle und Gedanken ich in diesem Moment hatte. Es war, als wäre meine Seele im freien Fall. Ich war von meiner Mutter als Einundzwanzigjährige aus dem Haus geprügelt worden und war nun faktisch obdachlos, jedenfalls ohne festen Wohnsitz.

Vorerst durfte ich bei meiner Oma und meiner Tante im Haus bleiben. Aber das war keine Lösung auf Dauer. Was sollte werden? Erst einmal wurde ich krankgeschrieben, denn in diesem Zustand konnte ich nicht als Erzieherin arbeiten.

Wohnungen waren rar in der DDR und ohne Beziehungen bekam man gar nichts. Ich ging zum Rathaus. Dort war meine ehemalige Klassenleiterin nun stellvertretende Bürgermeisterin. Ich erzählte ihr meine Situation. Sie sagte voller Mitgefühl: „Du hast das zu Hause wirklich lange ausgehalten." Mir kamen die Tränen, aber ich war ihr dankbar, weil sie mir sehr schnelle Hilfe zusagte.

Schon zwei Wochen später hatte ich ein Zimmer mit einer kleinen Küche. Es war eine geteilte Wohnung, kein Bad, keine Dusche; die Toilette im Treppenhaus benutzte ich mit einer alten Dame zusammen. Es war wahrlich kein Luxus. Aber ich hatte meine eigenen vier Wände und das war das Allerwichtigste. Ich hatte kaum Geld, trotzdem konnte ich einen Kredit bei der Bank aufnehmen. Davon konnte ich mir gute Möbel kaufen und sogar eine Waschmaschine. Einen Fernseher konnte ich zwar nicht haben, dafür hatte ich aber ein altes Radio, was mein Onkel mir liebevoll zusammengebastelt hatte. Allerdings würde ich für zwei Jahre recht sparsam leben müssen, denn so lange musste ich den Kredit abzahlen. Aber mir war das alles egal, die Hauptsache war: Ich hatte mein eigenes Zuhause und war unabhängig.

Zwei Jahre zuvor hatte ich ein Klavier von lieben älteren Menschen geschenkt bekommen. Ich hatte ihnen zu Hause öfters geholfen, weil sie es allein nicht mehr schafften. Mit dem Klavier hatten sie mir eine sehr große Freude gemacht.

Nur stand dieses Klavier in der Wohnung meiner Eltern. Aber mein Onkel und meine Tante sorgten dafür, dass ich nicht nur das Klavier bekam, sondern auch alle meine Kleidung und alle anderen persönlichen Dinge.

Das war im Oktober. Am Klavier übte ich täglich. Die Musik war mein Ausgleich, mein seelischer Halt. Ich spielte oft einfach Melodien vor mich hin und ließ meine Gedanken laufen. Nicht selten liefen meine Tränen genauso schnell. Meine Eltern wussten nicht, wo ich wohnte. Ich wollte das nicht, denn ich hatte nach wie vor Angst vor meiner Mutter. Dass sie meine Anschrift nicht kannte, gab mir ein bisschen Sicherheit.

Zum Klavier hatte ich auch Noten geschenkt bekommen. Ich sichtete sie im Laufe der Zeit und fand schöne Sachen. Fürs Akkordeon fand ich jede Menge „Herbert-Roth-Melodien". Ich hatte sie früher schon gern gespielt. In den vielen Klaviernoten fand ich ein Lied, was mich allein vom Text her zu Tränen rührte: „Vater, Mutter, Schwestern, Brüder hab ich auf der Welt nicht mehr ..." Ich war so traurig, aber ich übte Takt für Takt.

Dann kam Weihnachten. Heiligabend. Ich hatte nur sehr wenig Geld. Ich hatte eine einfache weiße Kerze auf eine Untertasse gestellt und für mich angezündet. Ich ging ans Klavier und begann leise „Vater – Mutter – Schwestern – Brüder". Ich hatte keinen Menschen mehr auf der Welt. Gott kannte ich nicht und von der Welt war ich verlassen, von Mutter aus dem Haus geprügelt. Es tat unendlich weh.

Am zweiten Weihnachtstag klingelte es an meiner Tür. Mein Vater! Tatsächlich, mein Vater stand an der Tür! Er weinte, ich weinte. Als wir in der Wohnung waren, fragte er, ob ich mit nach Hause kommen würde. „Nein, Vater. Das kann ich nicht. Wenn Mutter sich entschuldigen will, kann sie heute Nachmittag hierher kommen. Aber sage ihr bitte, dass ich keinen Stollen habe. Dafür habe ich noch kein Geld." Mein Vater schaute mich sehr bittend und gleichzeitig traurig an. Aber ich sagte ihm noch mal, dass es mir zu wehgetan hatte, was Mutter getan hatte. Sie hatte meine Seele zerschlagen. Und die sei noch lange nicht wieder heil. Ob sie je heilen würde?

Am Nachmittag klingelte es wieder. Meine Mutter und mein Vater. Solche Augen hatte ich bei meiner Mutter noch nie vorher gesehen. Einfach weil ich es noch nie erlebt hatte, dass meine Mutter etwas bereute. Sie hatte einen Stollen mitgebracht. Den gab sie Vater. Mir hielt sie ihre Hand entgegen. Für einen Moment zögerte ich – dann nahm ich ihre Hand. Da sah ich meine Mutter das erste Mal in meinem Leben weinen. Wir umarmten uns. Aber sagen konnte keiner etwas.

Ich kochte Kaffee, wir aßen Stollen bei meiner Kerze auf der Untertasse. Nein, mehr war von Weihnachten in meiner Wohnung nicht sichtbar. Aber Gott löscht auch den kleinsten glimmenden Docht nicht aus, weil er uns liebt, auch wenn wir ihn nicht kennen.

Und wieder erwachte in mir das Kind, das endlich von Vater und Mutter angenommen werden wollte. Ich zeigte meiner Mutter meine kleine Wohnung und sie staunte, was ich doch schon alles hatte, eben einen kleinen Haushalt. Und ich war auch stolz darauf, was ich geschafft hatte.

Irgendwann gingen sie wieder nach Hause.

War ich glücklich? Nein, ich glaube nicht. Triumphiert habe ich. Zum ersten Mal hatte meine Mutter Reue gezeigt. Vielleicht hatte sie nun begriffen, dass ich mehr wert war, als dass man mich hätte kleinerweise totschlagen sollen.

Ich war erwachsen geworden, endgültig.

Gott kannte ich nicht und schon gar nicht sein Wort. Aber Gott kannte mich und sein Wort ist immer wahr und für jeden Menschen gültig. So viele Menschen wissen nicht, dass Gott sie liebt und sich wünscht, dass es ihnen gut geht. Ich wusste es auch nicht. Das hinderte Gott aber nicht daran, mich zu lieben und darüber zu wachen, dass mir nicht mehr Böses widerfuhr, als ich aushalten konnte.

Nachdem ich den „Prager Frühling" in der ČSSR erlebt hatte, wollte ich für Frieden und Gerechtigkeit kämpfen. Ich habe mir wirklich alle Mühe gegeben, es zu tun. Aber ich hatte keine Ahnung, dass Gerechtigkeit, die von Gott kommt, nichts mit dem zu tun hat, was wir Menschen gerecht finden. Genauso ist das mit dem Frieden zwischen Gott und uns Menschen. Das ist weit mehr als nur Waffenschweigen. Das durfte ich Jahre später lernen und persönlich erfahren.

Kinderschicksale

Nachdem ich als Jugendliche unsere beiden Pflegekinder im Kinderheim und dann bei uns zu Hause erlebt hatte, wollte ich Heimerzieherin werden. Ich hatte ernsthaft den Wunsch, solchen armen Kindern ihr Schicksal etwas zu erleichtern. Die Eltern unserer Pflegekinder waren alkoholabhängig, sie konnten wirklich nicht für ihre Kinder sorgen. Das gab es in der DDR natürlich auch. So wurde ich mit einer dreijährigen Ausbildung Heimerzieherin und Grundschullehrerin. In der DDR war es üblich, dass man sich zu Beginn des Studiums schriftlich verpflichten musste, nach der Ausbildung dort zu arbeiten, wo man vom

Staat hingeschickt wurde. Oft war das kein Problem. Wenn jemand allerdings während des Studiums heiratete oder ein Kind bekam, dann konnte das sehr kompliziert werden. Als Heimerzieher ist es normal, dass es Wochenenddienste gibt, ebenso wie Früh- und Spätdienste. So konnte es passieren, dass man von einer Mutter mit Kleinkind verlangte, dass sie ihr Kind in ein Heim gab und es nur an freien Tagen zu Hause haben konnte. Eine groteske Situation.

Heute, viele Jahre nach der Wende, höre ich immer wieder, dass es viele Zwangsadoptionen gab.

Vor einigen Jahren bekam ich einen Anruf aus dem Süden Deutschlands. Die Frau bat mich, ihr beim Finden ihrer Mutter zu helfen. Als kleines Mädchen wurde sie im Kindergarten abgeholt und in ein Kinderheim gebracht. Ihre Mutter sah sie nie wieder. Man hatte ihr gesagt: „Deine Mama ist sehr krank gewesen und gestorben. Du bekommst eine neue Mama." Sie wurde von einer Mitarbeiterin des Jugendamtes adoptiert. Gutes aus der Zeit bei der Adoptivmutter erzählte sie nicht, trotz meines Nachfragens. Nach der Wende fanden wir ihre Mutter. Nach mehr als dreißig Jahren erfuhr sie, dass ihre Mutter lebte. Ich weiß nicht, was schlimmer gewesen wäre: zu erfahren, dass die Mutter lebte oder dass sie gestorben sei. Es war ein großes Vorrecht für mich, dass ich bei der ersten Begegnung dabei sein durfte.

Das ist nur eines von vielen Kinderschicksalen. Der Sozialismus hat unendlich viele Scherben und zerbrochene Herzen hinterlassen. Ich frage mich immer wieder, was das mit der gerechten Verteilung der Güter zu tun hatte, mit Gerechtigkeit für jeden, mit dem Kampf um Frieden. Die Arbeiterklasse regierte? Alles zum Wohle des Volkes? Das waren Lügen. Es war auch die Arbeiterklasse, der man die Kinder wegnahm. Es waren unschuldige Kinder, denen die Eltern weggenommen wurden.

Der Herr des Kommunismus ist der Lügner von Anbeginn. Alles daran ist Lüge. Menschen wurden systematisch diskriminiert und gezielt zerstört. Es ist niemand anders als der Teufel, der umhergeht und sucht, wen er verschlingen könnte, wie es im 1. Petrusbrief heißt (Kapitel 5,8). Und er hat so viele in der DDR verschlungen.

Ich wurde verpflichtet, in dem Vorschulkinderheim zu arbeiten, wo meine beiden Pflegegeschwister früher gewesen waren. Dieses Heim war immer noch einigermaßen moderat.

Natürlich fehlten den Kindern die Eltern. Viele Kinder waren Bettnässer, lutschten am Daumen, kauten Fingernägel ab, alles Ergebnisse psychischer Störungen. Ich merkte sehr schnell, dass manchmal ein weniger gutes Elternhaus besser war als das beste Kinderheim. Im Kinderheim gab es so viele Defizite an Zuwendung, vor allem durfte man keine wirkliche Herzensbeziehung zu einem Kind aufbauen, auch nicht zulassen, wenn das Kind es wollte.

Es ist unmöglich, als Erzieherin fünfzehn bis zwanzig Kindern die Mutter zu ersetzen. Man kann die Kinder lieben, sie vieles lehren, aber man kann nicht Mutter und Vater ersetzen.

Was ich in diesem Vorschulheim ganz schlimm fand, war, dass immer wieder Eltern kamen und sich wie im Kaufhaus ein Kind aussuchen durften. „Mich will keiner haben!", sagte mir ein fünfjähriger Junge. Und ich konnte nicht sagen: „Ich will dich." Dann hätte der kleine Knirps mich sofort gefragt, ob ich ihn mit nach Hause nehmen würde. Der Kleine sagte das jedem Erwachsenen, auch der Heimleiterin. Als ich hörte, was sie dem kleinen Jungen sagte, brach es mir fast das Herz: „Dich will keiner haben, weil du so ein böses Kind bist." So etwas kann man doch keinem Kind sagen!

Aber solche Dinge waren Alltag. Und keines dieser Kinder erfuhr in der DDR, dass es von Gott gewollt und geliebt war.

Man hat uns in der DDR vielleicht um gute Autos und Reisen in die weite Welt betrogen. So etwas ist alles schön, wenn man es hat. Aber ein Menschenkind um das Wissen zu berauben, dass es von Gott gewollt und geliebt ist, das ist für meine Begriffe ein Verbrechen gegen die Menschlichkeit. Nach meiner Meinung hat es sehr wohl seine Berechtigung, wenn Religionsfreiheit als eines der wichtigsten Menschenrechte angesehen wird. Die Seelen der Kinder in den Kinderheimen der DDR sind systematisch zerstört worden. Selbst höchste finanzielle Entschädigungen könnten das nicht rückgängig machen.

Das waren meine ersten Erfahrungen als Erzieherin. Wirklich Schlimmes erlebte ich, als ich in ein Heim versetzt wurde, in dem Schulkinder bis zum 18. Lebensjahr lebten. Dort hatte ich nur die Chance, die beste Jugendliche meiner Gruppe zu sein. Denn ich war gerade mal 22 Jahre alt.

Der Heimleiter, ein von seiner Statur her kräftiger Mann, nutzte seine Stellung, um seine Macht zu gebrauchen und sie für jedermann sichtbar zu zeigen. Es kam immer wieder vor, dass Kinder nicht zur Schule gehen konnten, weil sie blaue Flecken hatten. Oftmals war das dann, wenn die Kids etwas Verbotenes getan hatten. Mal hatte einer gestohlen, ein anderer hatte sich geprügelt oder die Schule geschwänzt. Oft mussten die Kinder dann zum Heimleiter ins Dienstzimmer. Die Art und Weise, wie Kinder dabei Gewalt erlebten, hat sie nie besser gemacht.

Es war nicht einfach, ein Kind hinterher zu trösten. Das durfte kein anderer Erzieher sehen, besser auch keines der Kinder. Wenn der Heimleiter erfuhr, dass ich die Kinder tröstete, hatte ich mir unschöne Dinge anzuhören.

Die Kinder waren ja in der Regel aus Elternhäusern mit sehr schlechten sozialen Verhältnissen. Nicht wenige Kinder waren bei uns, weil ein Elternteil im Gefängnis saß. Als Erzieher wussten wir nicht, ob es kriminelle oder politische Gründe hatte, weshalb die Kinder bei uns waren, es sei denn, die Kinder erzählten es uns.

Ich hatte einen Jungen in meiner Gruppe, der hieß Joachim und war zwölf Jahre alt. Sein Bruder war fünfzehn. Beide waren bei uns, weil der Vater wegen Rowdytums im Gefängnis saß. Joachim war auch gewalttätig, sehr sogar. Wenn dieser Junge richtig Wut bekam, dann zerlegte er problemlos einen Kleiderschrank in einzelne Bretter, allein mit den Händen. Alles, was ihm in solchen Situationen in den Weg kam, schlug er nieder. Welchen Sinn sollte es haben, dem Jungen mit Gegengewalt zu begegnen? Der Heimleiter tat es.

Ich ließ mir etwas anderes einfallen. Ich suchte immer wieder Gelegenheiten, bei denen Joachim seine Aggressionen abreagieren konnte. Der Hausmeister brauchte Hilfe beim Kohlenschippen, die Küchenfrau brauchte jemanden, um Kisten aus dem Keller zu holen und vieles andere. Jedes Mal, wenn Joachim half, bekam er von mir eine Belohnung, eine kleine Tafel Schokolade. Ich verlangte nur von ihm, dass wir das als unser Geheimnis bewahrten, sonst wäre es mit der Schokolade vorbei gewesen. Daran hat er sich immer gehalten.

Das war das einzige Kind, bei dem ich ein enges Vertrauensverhältnis zuließ. Ich konnte Joachim sogar meinen

Wohnungsschlüssel geben. Nie hätte bei mir etwas gefehlt, der Junge hätte eher etwas dazugelegt. Einmal schickte ich ihn zu mir nach Hause, um mir einen Eimer Kohlen in die Wohnung zu bringen. Ich hatte auf meinen Tisch eine kleine Tafel Schokolade gelegt und einen Zettel dazu: „Das ist für dich, Joachim. Ich habe dich lieb." Der Junge kam förmlich geflogen. Von dem Tag an hätte er wohl alles für mich getan.

Aber ich hatte auch Erziehungsmethoden, über die ich heute selbst nur noch den Kopf schüttele. Die Jungen sollten auf einem Sportplatz Fußball spielen, der einige Minuten vom Heim entfernt war. Denn der Hof des Kinderheimes eignete sich nicht gut zum Ballspielen. Dort waren überall die Fenster unseres Heimes und vor allem des Heimleiters. Die Jungen hatten aber keine Lust, bis zum Sportplatz zu gehen, und so landete der Ball schneller als gedacht im Wohnzimmer des Heimleiters. So schnell konnte ich gar nicht gucken, wie die Jungen vom Hof verschwunden waren.

Als der Heimleiter auf den Hof kam, stand ich alleine da. Na prima. Nun musste ich mir etwas einfallen lassen. Am Abend sagte ich meinen Jungs: „Am Freitag ist die Fensterscheibe wieder drin oder wir schneiden Haare." Wir haben Haare geschnitten, nicht nur am Freitag. Für sechzehn Jungen brauchte ich das ganze Wochenende. Zum Glück hatte ich das Haareschneiden im Vorschulkinderheim gelernt. Wir konnten die Heimkinder nicht zum Friseur schicken. Denn dort schnitt man den Kindern die Haare so schlecht, dass sie regelrecht gekennzeichnet aussahen. Deshalb machten wir es besser selbst.

Die Lebensbedingungen in dem Kinderheim waren sehr schwierig. Wir hatten sechzig Kinder. Sie waren in drei Gruppen aufgeteilt. Während der Schulwoche hatten am Nachmittag drei Erzieher Dienst. Jeder hatte seine Gruppe mit zwanzig Kindern und Jugendlichen. Früh, wenn diese sechzig Kinder in die Schule mussten, hatte nur ein Erzieher Dienst. Das ist kein Druckfehler! Es war wirklich so, dass für die sechzig Kinder und Jugendlichen nur *ein* Erzieher da war. Ich möchte dabei betonen, dass wir in der DDR auch die Aufsichtspflicht für Schutzbefohlene hatten. Wie wir das für so viele Kinder realisieren sollten, sagte uns keiner. Es war reines Training unter Androhung von Strafe, damit jedes Kind pünktlich in der Schule war. Erziehung war das nicht.

Ich nannte uns Heimerzieher einmal „Sozialistische Kinderdresseure". Zuwendung, Liebe, Verständnis, persönliche Gespräche mit den Kindern, nein, dafür war keine Zeit. Es war nicht mehr als ein Verwalten und Organisieren. Auch die Kleinsten in der ersten Klasse mussten sich früh ordentlich anziehen, ohne dass ein Erzieher dabeistand. Mir taten die Kinder einfach nur leid. An meiner Seele ging das nicht spurlos vorbei. Ich hatte keine Ideen, wie ich Kinder bestrafen sollte. Ich habe sie, wann immer möglich, gelobt und ermutigt.

Der Heimleiter sagte mir eines Tages: „Wenn du die Kinder nicht bestrafst, wird aus dir nie ein richtiger Erzieher." Oh, das hat mich tief getroffen. Die Kinder mochten mich und die Kollegen wunderten sich, wieso es in meiner Dienstzeit in der Regel so ruhig zuging. Die Kinder taten mir zuliebe, was notwendig war. Andere Erzieher wollten sie dagegen ärgern.

Ich wurde dann auch Mentorin für Studentinnen. Das sollte für mich ein großer Vorteil werden. Denn eine meiner Studentinnen arbeitete später beim Jugendamt und als meine Tochter später leider ins Kinderheim kam, wurde sie Fürsorgerin für sie.

Damals konnte ich natürlich nicht wissen, wie wichtig diese Studentin für mich werden würde. Sie war wirklich begabt, mit Kindern umzugehen. Deshalb habe ich sie auch besonders gefördert und letztlich mit einer entsprechend guten Beurteilung für besondere Aufgaben empfohlen. So kam sie zum Jugendamt. Heute sehe ich Gottes Plan und Weisheit darin.

Die hygienischen Bedingungen im Heim waren ebenfalls sehr schwierig. Es gab einen Duschraum für alle mit drei Duschen und drei Waschbecken – für sechzig Kinder! In der Frühe bekam bestimmt nicht jeder Wasser ab.

Abends beim Duschen waren wir Erzieher verpflichtet, nicht nur beim Duschen dabeizustehen. Bei den Kleinen mochte das ja verständlich sein. Da schaut man auch darauf, dass die Kinder sich im Genitalbereich waschen. Aber dass die Kinder sich nackt bücken mussten und dass die Jungen die Vorhaut zurückziehen mussten, um zu „zeigen", dass sie sauber waren, das war eine Anordnung des Heimleiters. Das galt auch für die Jugendlichen zwischen vierzehn und siebzehn Jahren. Und die Erzieherinnen waren gerade mal zwanzig oder knapp darüber. Es ging sogar so weit, dass der Heimleiter sich danebenstellte und die Erzieher kontrollierte. Ich war damals jung verheiratet und für mich war das einfach widerlich.

Wann, wo und wie fängt sexueller Missbrauch an? Ich möchte das unkommentiert lassen.

Mein Joachim war inzwischen im Radsportverein und hatte ein Rennrad. Je sinnvoller ich den Jungen beschäftigte, umso weniger Aggressionen hatte er. Er konnte sogar an Wettkämpfen teilnehmen und schlug sich recht ordentlich. Sein Selbstbewusstsein nahm sichtlich zu. Aber es gab immer noch Tage, wo wir ihn aufgrund seiner Gewalttätigkeit nicht zur Schule gehen lassen konnten.

Eines Tages kam sein Vater aus dem Gefängnis frei. Es hieß, Joachim und sein Bruder sollten aus dem Heim wieder nach Hause entlassen werden. Um darüber zu beraten und zu entscheiden – es ging auch noch um andere Kinder –, gab es ein Treffen, an dem die jeweiligen Eltern, das Jugendamt, die Heimleitung, ich als leitende Gruppenerzieherin und die Kinder teilnahmen. Als der Heimleiter Joachims Vater fragte, ob er seine Kinder wieder mit nach Hause nehmen wolle, traute ich meinen Ohren nicht. Die Antwort des Vaters werde ich nie vergessen: „Den Großen ja, aber Joachim will ich nicht wiederhaben, der ist mir zu aggressiv." Und das im Beisein der Jugendlichen! Außer den Eltern und ihren Kindern waren alle studierte Pädagogen. Noch heute kann ich nur den Kopf schütteln über so viel Unprofessionalität. Es war Willkür, einfach nur Willkür gegenüber den Kindern. Als Persönlichkeiten hat diese Kinder niemand betrachtet.

Joachim wurde kreidebleich und war nur noch still. Nach dieser „Sitzung" sagte ich zu ihm: „Du darfst heute Abend mit mir nach Hause kommen und bei mir schlafen." Ich merkte, dass der Junge die Antwort seines Vaters nicht verkraften konnte.

Am anderen Tag hatte ich Frühdienst. Das bedeutete: Erst mal sechzig Kinder zur Schule schicken. Die zweite Klasse hatte später Unterricht und blieb noch bei mir im Heim. Joachim behielt ich auch bei mir. Über Nacht hatte ich einen Entwicklungsbericht für ihn geschrieben, auch über seine seelische Not, dass er nicht wieder nach Hause durfte. Auch das war wieder ein Führung Gottes, wie mir später klar wurde.

Joachim wollte doch gern zur Schule. So nahm er seine Jacke und seine Schulmappe, verabschiedete sich bei mir und ging zur Veranda, wo alle Kinder ihre Schuhe hatten. Von dort aus verließen alle Kinder normalerweise das Haus. Aber Joachim kam an dem Tag noch einmal zurück, umarmte mich und sagte: „Ich wollte mich noch bei Ihnen verabschieden." Dann ging er. Ich schaute noch mal nach der Waschmaschine und wollte mir dann einen Kaffee kochen. Das hatte ich mir zur Gewohnheit gemacht, wenn früh alle Kinder aus dem Haus waren.

Dann setzte ich mich für ein paar Minuten hin, um die Infos für uns Mitarbeiter zu lesen. Doch dazu kam ich nicht. Ein kleiner Junge aus der zweiten Klasse kam gerannt und schrie: „Joachim hat sich erhängt!"

„Was", fragte ich erschrocken zurück, „der ist doch gerade zur Schule gegangen?"

„Nein", schrie der Kleine, „der hängt im Kleiderschrank."

Ich rannte los, in sein Zimmer, die Küchenfrau mit. Ich hob Joachim an und die Küchenfrau riss die Kleiderstange aus der Halterung. Während ich den Bademantelgürtel von seinem Hals abmachte und das Erbrochene aus seinem Mund holte, sagte ich der Küchenfrau, dass sie bei mir bleiben solle, die andere Kollegin solle den Rettungsdienst rufen. Dann begann ich mit der Mund-zu-Mund-Beatmung und Herzdruckmassage. Es verging endlos viel Zeit und kein Rettungsdienst kam. Dann endlich. Der Arzt wollte eine Infusion anlegen. Es ging nicht. Es hatte auch keinen Zweck mehr. Joachim war tot.

Keine halbe Stunde vorher hatte er mich umarmt und sich verabschiedet. Nur er wusste, dass es für immer war.

Für jeden Pädagogen ist es ein Albtraum, wenn ein Kind

unter seiner Obhut stirbt. Die Frage ist immer: „Wo war die Aufsicht?"

Ich fragte mich: „Wo war gestern der Verstand der Pädagogen?", als Joachim hören musste, dass seine Eltern ihn nicht mehr haben wollten. Ich war so froh, dass ich den Entwicklungsbericht am Abend zuvor geschrieben hatte, wo ich auf die seelische Not des Jungen aufmerksam gemacht hatte.

Dann kam das übliche Prozedere. Die Kriminalpolizei, Spurensuche, Befragungen usw. Da der Heimleiter im Urlaub war, kam seine Stellvertreterin. Der Schulrat war auch bald da. Erstaunlicherweise war ich sehr gefasst. Ich hatte sogar genau auf die Uhr geschaut und konnte Minute für Minute sagen, was passiert war.

Dann war auch schon Mittag und die Kinder kamen aus der Schule. Wer sagte ihnen nun, dass Joachim gestorben war? Auch den Kollegen, die zum Nachmittagsdienst kamen – jedem musste ich es sagen. Es war eine schreckliche Situation und ich merkte, dass ich nicht mehr so gefasst war wie noch ein paar Stunden zuvor.

Was würde noch auf mich zukommen? Was, wenn gegen mich Anklage wegen fahrlässiger Tötung oder Vernachlässigung der Aufsichtspflicht erhoben würde? Ich stand mit einem Bein im Gefängnis! Meine Nerven begannen zu flattern. Eine Ärztin gab mir eine Spritze, dadurch konnte ich dann irgendwann nach Hause gehen.

Vorwürfe von Vorgesetzten habe ich jedoch nie bekommen. Da ich Joachim am Abend zuvor sogar noch mit nach Hause genommen hatte, nannte man mein Verhalten „sehr verantwortungsbewusst". Juristische Folgen hatte es für mich nicht.

Dann war ich wohl doch nicht so eine schlechte Erzieherin, wie mir der Heimleiter mal verklickern wollte? Ich war vielleicht auch keine gute Erzieherin, einfach weil ich die Kinder weniger erzogen als dressiert habe. Aber welche Alternativen hatten wir denn, wenn ein Erzieher für zwanzig schwer erziehbare Kinder verantwortlich war?!

Die psychischen Folgen dieses Ereignisses wurden bei mir allerdings sehr bald sichtbar. Ich hatte nur noch Angst, wenn eines der Kinder nicht um mich war. Aber ich konnte die Kinder ja nicht einsperren.

So ging es nicht weiter. Ich wurde krankgeschrieben und das für längere Zeit.

Dann wurde ich in eine Schule versetzt, wo ich nur Sport und Werken in der Grundschule unterrichten sollte. Eigentlich kein Problem für mich. Eigentlich. Aber auch hier hatte ich nur Angst, es könnte den Kindern etwas passieren.

Eines Tages wurde ich im Sportunterricht bewusstlos. Ich war überfordert, ich konnte nicht mehr. Eine psychologische Begleitung nach solchen Ereignissen gab es damals nicht. Übrigens auch nicht für die Kinder. Jeder musste selbst sehen, wie er das irgendwie verarbeitete.

Ja, es war eine wirklich schwere Zeit für mich damals. Dabei war ich so gern Heimerzieherin und habe meine Jungs wirklich geliebt.

Heute, vierzig Jahre später, sind diese Jungs Männer im Alter von vierzig bis fünfzig Jahren. Was sagen sie über ihre Erzieherin von damals? Was sagen sie über Gewalt und sexuellen Missbrauch? Ich weiß es nicht.

Es gab so viel Gewalt, sexuellen Missbrauch und andere Schändlichkeiten in den Kinderheimen der DDR (wie leider auch im Westen). Und ich war eine der Erzieherinnen, die damals Verantwortung hatten. Bin ich mit schuldig an den Verbrechen, die in DDR-Kinderheimen geschehen sind?

Nein, mein Gewissen ist rein. Ich habe für die Kinder das Beste getan, was mir möglich war. Mehr konnte ich nicht. Aber ich weiß: Es hat nicht gereicht. Das tut mir leid.

Nur Gott kann die Wunden heilen, bei den Kindern und bei mir.

Ich wünsche mir aber, dass dies wenigstens eines meiner ehemaligen Heimkinder liest.

Beim Rat des Kreises

Seit Oktober 1982 war ich im Rat des Kreises, Abteilung Gesundheits- und Sozialwesen, angestellt. Meine Aufgaben lagen im sozialen Bereich: für Pflegeheime, kinderreiche Familien, Schwerbehinderte und sozial schwache Bürger. In dieser Arbeit fand ich echte Erfüllung. Regelmäßig besuchte ich zu Dienstversammlungen die Pflegeheime und schaute dabei immer nach den neu aufgenommenen alten Menschen. Wie oft sahen mich dabei dankbare Augen an!

Die Bettenkapazität war äußerst gering. Wir hätten viel mehr Möglichkeiten gebraucht, um die alten Menschen aufzunehmen. Im Durchschnitt bekamen wir jeden Monat dreißig bis vierzig neue Anträge, aber es wurden selten mehr als fünf bis sieben Betten frei. Im Pflegeheim wird ja leider nur ein Platz frei, wenn ein Mensch stirbt. Doch etwa 1.200 Pflegeheimanträge lagen im Schrank. All diese

Menschen warteten sehnsüchtig auf ein Bett. Es glich also einem Lottogewinn, einen Platz im Heim zu bekommen. Dementsprechend dankbar waren auch die Angehörigen, die in der Regel unbezahlt von der Arbeit freigestellt wurden, um die Pflege zu Hause zu sichern. Die Einkommen waren in der DDR sowieso sehr niedrig. Das zwang in der Regel auch die Ehefrauen, bis zur Rente zu arbeiten. Wenn dann wegen der Pflege der Angehörigen einer nicht arbeiten gehen konnte, bedeutete das nicht selten große Probleme für die Familien.

Monatlich tagte die geriatrische Kommission, bestehend aus Ärzten und Fürsorgerinnen. Alle Antragsteller wurden zu Hause besucht. Die Kommission schlug dann vor, wer bevorzugt aufgenommen werden sollte. Schlussendlich musste ich durch meine Unterschrift festlegen, wer das nächste Bett bekam.

Das wäre alles machbar gewesen, wenn ich nicht eine Liste von der Parteikreisleitung bekommen hätte, mit den Namen „Verdienter Parteigenossen", die ich zuerst aufnehmen sollte. So hatte ich ständig Differenzen mit den Ärzten und der SED-Kreisleitung.

Eine ganz besondere Situation werde ich nie vergessen. Auf der Dringlichkeitsliste der Kommission stand unter anderem ein Bäcker, der sein ganzes Arbeitsleben Brot gebacken hatte. Damals war die Bäckerei noch längst nicht so technisiert wie heute. Dieser Bäcker hatte die Brötchen auch für die „verdienten Parteigenossen" gebacken! Aber was zählte das schon! Und da war noch ein alter Mann, der mal Lokführer auf der Dampflock war, der musste ebenso dringend im Heim aufgenommen werden. Der Lokführer hatte vierzig Jahre lang im Dreischichtsystem gearbeitet und Kohlen geschippt. Er und der Bäcker waren inzwischen bettlägerig geworden, mussten gefüttert und auch gewindelt werden. Angehörige hatten sie nicht. Der Winter stand vor der Tür. Wenn Nachbarn dort nicht geholfen hätten, dann wären beide wohl in ihrer Wohnung erfroren oder verhungert. Beide mussten also dringendst in ein Heim aufgenommen werden.

Die Partei wollte aber, dass ich einen Parteigenossen aufnahm, der zwar schon alt, aber noch einigermaßen rüstig war. Er ging noch jeden Tag zur Kaufhalle zum Einkaufen. Die Partei hatte allerdings mit ihm ein Problem, er trank viel Alkohol und war in der Öffentlichkeit oftmals sehr auffällig. Das war eine Schande für die Partei und deshalb sollte er aus der Öffentlichkeit verschwinden.

Von mir wurde verlangt, dass ich schnellstmöglich die Heimaufnahme für ihn unterschrieb.

Das tat ich aber nicht!

Ich rief in der Parteikreisleitung an, um mitzuteilen, dass ich diesen Mann vorerst nicht aufnehmen würde, weil zwei verdienstvolle Arbeiter gesundheitlich viel schlechter dran seien.

Da war am Telefon die Hölle los! Ich wurde angebrüllt, sodass ich nicht mal verstand, was da gebrüllt wurde. Was auch gut war, dadurch habe ich mich weniger aufgeregt. Als der Genosse am anderen Ende der Leitung mal Luft holte, sagte ich ihm, wenn mir Weisung erteilt werde, den Alkoholiker aufzunehmen, sei das gleichzeitig das Todesurteil für zwei verdienstvolle Arbeiter. Die Folge war eine Kritik vor der Parteigruppe, die identisch war mit den Kollegen meiner Abteilung. Das bedeutete auf gut Deutsch, dass ich seelisch und moralisch zusammengestaucht wurde.

Wer sich im Arbeiter- und Bauernstaat DDR ernsthaft für die Schwächsten der Gesellschaft einsetzte, bekam regelmäßig Ärger. Die Realität war ganz anders als die schönen Propagandareden, die öffentlich zu hören waren. Ich regte mich über solche Dinge fürchterlich auf. Denn das hatte nichts mit Gerechtigkeit zu tun.

Im sozialen Bereich gab es ständig schier unlösbare Probleme. Einmal kam Freitagnachmittag eine Frau zu mir und berichtete, dass sie in Berlin arbeite, ihre Eltern aber in unserer Stadt wohnten, in einem alten Mietshaus, wo die Toiletten im Treppenhaus waren. Der Holzbalken, auf den man sich dort setzte, war durchgebrochen und die betagten Eltern konnten nicht mehr auf Toilette gehen. Nun bat mich diese Frau dringend um Hilfe, und das am Freitagnachmittag! Wo sollte ich da einen Handwerker herbekommen, der auch noch einen Holzbalken vorrätig hatte?! So etwas gab es normalerweise nicht in der DDR. Das waren ja eigentlich Kleinigkeiten, aber sie führten bei Handwerkern, Holzhandel und Ämtern zum Bluthochdruck. Jeder wollte helfen, aber jedem waren auch die Hände gebunden. Und dabei wollte man sich doch aufs Wochenende freuen. Schlussendlich fand ich keine andere Lösung, als den alten Leuten einen Toilettenstuhl liefern zu lassen.

Nach wenigen Monaten beim Rat des Kreises, in der Abteilung für Gesundheits- und Sozialwesen, war bei mir der Traum vom Sozialismus als dem Himmel auf Erden ausgeträumt. Ich war in der Realität angekommen. Bis dahin war ich immer von der Richtigkeit des Sozialismus überzeugt gewesen. Aber das, was ich in dieser Dienststelle erlebte, brachte meine Meinung von einem guten Kern, den jeder Mensch wohl habe, arg ins Wanken. In jeder Dienstversammlung, in jeder Schulung für Marxismus-Leninismus, die wöchentlich stattfand, hörten wir „Predigten", in denen uns ein bescheidener Lebensstil nahegelegt wurde. Ja, der Kampf für Frieden und Gerechtigkeit verlangte von uns Verzicht, brauchte Opfer. Regelrechte Hassreden gegen die Menschen aus der BRD waren an der Tagesordnung. Jeder Genosse sah dabei verlegen in irgendeine Ecke. Vermutlich dachte er gerade an den Westfilm, den er am Abend zuvor angeschaut hatte, obwohl wir jeden Monat mit unserer Unterschrift gelobten, solche „staatsfeindlichen Handlungen" zu unterlassen. Oder dachten die Kollegen gerade an ihren letzten Einkauf im Intershop, obwohl wir unterschrieben hatten, keine Beziehungen zur BRD zu haben, auch nicht über Dritte?

Eine meiner Kolleginnen im Zimmer war stellvertretende Parteisekretärin. Bei dieser Frau musste man sich wirklich hüten, was man sagte. Einmal äußerte ich: „Nur gut, dass es bald wieder Geld gibt."

Mich schauten ernste Augen an: „Gehst du fürs Geld auf Arbeit?", fragte sie mich todernst.

„Ja, also, ich mach meine Arbeit sehr gern, aber das Geld brauch' ich trotzdem. Wofür gehst du denn auf Arbeit?"

Da kam der Moralapostel heraus: „Ich gehe für die Gesellschaft auf Arbeit."

„Ich gehe auch fürs Geld", war meine Antwort.

„Also, Genossin", zischte sie. Ehe ich noch ein falsches Wort sagen konnte, nahm ich einen Zettel, schrieb meine Bankverbindung darauf und schob ihn auf ihren Schreibtisch mit der Bemerkung: „Dein nächstes Gehalt kannst du gerne auf mein Konto überweisen. Ich kann es gut brauchen."

Wütend schaute sie mich an und ging aus dem Zimmer. Ich konnte mir das Lachen nicht mehr verkneifen.

Den Satz „Wir sind für die Gesellschaft da" hatte ich immer im Ohr. Seit ich in der Behörde arbeitete, nahm auch ich an Feierlichkeiten wie dem „Tag der Deutsch-Sowjetischen Freundschaft" teil. An solch einem Tag fuhren wir zum Offiziershaus der bei uns stationierten Truppen der sowjetischen Streitkräfte. An unserem Nationalfeiertag, dem „Tag der Republik", kamen dann die sowjetischen Offiziere zu uns in die Parteileitung. Gefeiert wurde nach russischer Tradition, mit Lunikoff-Wodka, Fleisch und viel Knoblauch. Das Essen ging ja noch, aber der Schnaps – das war nichts für mich.

Nur beim ersten Mal passierte es mir, dass ich gegen Mitternacht Mühe hatte, nach Hause zu kommen. Am anderen Morgen hatte ich einen Brummschädel, dass ich viel lieber im Bett geblieben wäre. Aber die Dienstpflicht rief mich gnadenlos ins Amt. Bei jeder Feierlichkeit danach mit den Sowjetoffizieren hatte ich meine heimliche Wasserflasche in der Tasche. Aber an diesem Tag saß ich mit Übelkeit und Kopfschmerzen an meinem Schreibtisch und erledigte notwendige Sachen. Für eine Angelegenheit musste ich in der Kreisparteileitung anrufen. Der Genosse, den ich sprechen wollte, war am Abend zuvor auch mit deutsch-sowjetisch feiern gewesen. Nun sagte man mir, dass er heute nicht in der Dienststelle sei. Die Begründung: „Er setzt heute Überstunden von gestern ab." Na toll! Uns kleinen Mitarbeitern war ausdrücklich gesagt worden, dass wir am anderen Tag pünktlich auf Arbeit zu sein hätten. Und die großen Genossen feierten ab. Solche Ungerechtigkeiten regten mich immer auf.

Manchmal hatten mein Mann und ich dienstlich miteinander zu tun. Es gab nur eine einzige Situation, bei der mein Mann und ich uns angebrüllt haben. Privat taten wir das nie, aber einmal im Dienst zum Schutz und der Sicherheit unserer Staatsbürger. Eine Frau kam mit zwei Kleinkindern zu mir ins Amt und teilte mir mit, dass sie mit den Kindern nicht mehr nach Hause gehen könne. Ihr Mann sei Alkoholiker und wolle die Kinder totschlagen, weil sie an der Armut der Familie schuld seien. Die Mutter sagte mir, sie hätte die Kinder in einen Sack gesteckt und die Treppe hinuntergetragen. Nun standen sie bei mir.

Ich fragte bei der Polizei nach, ob dieser Mann bekannt sei. Mein Mann war an diesem Tag Diensthabender, das bedeutete, dass er alle Bürgeranrufe, so auch meinen, annahm und entscheiden musste, was zu tun sei. Dieser Alkoholiker war wegen Eigentumsdelikten bereits bekannt. Ich schilderte meinem Mann die Situation. Darauf fragte mein Mann doch allen Ernstes, ob denn schon ein Kind Schaden genommen hätte. Da rastete ich aus und schrie ihn an, ob ich ihm denn erst eine Leiche präsentieren müsse, ehe er was unternehmen würde. Mein Mann brüllte zurück, dass er auch nur tun könne, was das Gesetz sage, und legte auf.

Eine Stunde später rief er mich an: „Du kannst die Mutter mit ihren Kindern wieder nach Hause schicken, wir haben den Mann beim Diebstahl von Alkohol in der Kaufhalle aufgegriffen. Der sitzt jetzt erst mal. Die Mutter und die Kinder haben bis auf Weiteres ihre Ruhe."

So fand mein „Ehekrach" ein gutes Ende.

Solche und ähnliche Dinge gab es viele. Es war ja auch meine Aufgabe, mich um solche Leute zu kümmern. Die Erfahrung als Heimerzieherin kam mir dabei zugute, hatte ich doch schon viele sozial schwache Familien mit all ihren Problemen kennengelernt.

Im Rat des Kreises mussten wir monatlich unterschreiben, dass wir keinerlei Beziehungen zur Bundesrepublik hatten, auch nicht über Dritte. Praktisch sah das so aus: Wir bestätigten mit unserer Unterschrift, dass unsere Tochter von der Oma keine „Westschokolade" bekam. Natürlich unterschrieben wir das jeden Monat, aber es war Quatsch. Natürlich hatten wir Schokolade, wir hatten auch andere Dinge aus dem goldenen Westen. Allerdings hatten wir kein Westgeld. Denn das hätten wir uns als Funktionärsfamilie nicht erlauben dürfen – im Intershop einzukaufen.

Für alle, die nicht wissen, was ein Intershop in der DDR war: Das war das Geschäft, wo man Westware für Westgeld kaufte. Wie das in der Marktwirtschaft so üblich ist, wurde diese „Westware" auch in Plastiktüten getan, allerdings waren diese Tüten in der DDR unbedruckt und weiß. Das bedeutete, dass jeder, der eine weiße Plastiktüte hatte, Westgeld besessen haben musste! So funktionierte die Spitzelei untereinander. Primitiv, aber es war so.

Meine so staatstreue Kollegin kam eines Tages mit einer solchen Tüte zum Rat des Kreises. Ich hatte nichts anderes im Kopf, als sie zu fragen, wo sie denn Feindesgeld herhatte, wo doch alles so schlecht im Westen sei.

Sie tötete mich fast mit ihrem Blick. Dann erklärte sie kühn, dass ihre Söhne nur an einer Universität studieren würden, deren Diplom auch im Westen anerkannt würde. Ich weiß gar nicht, ob es das wirklich gab. Aber ich konnte wieder nicht an mich halten und fragte, ob denn ihre Kinder nach dem Westen abhauen wollten, wenn sie auf Kosten des Arbeiter- und Bauernstaates studiert hätten. Wieder trafen mich ihre hasserfüllten Blicke.

Ich hatte eine interne Anweisung, dass Christen keine sozialen Leistungen bekommen sollten.

Was Christen glaubten, war mir völlig fremd und auch nicht einsichtig, besser gesagt, ich kümmerte mich nicht darum, was sie glaubten. Aber das machte doch diese Leute nicht zu Menschen zweiter Klasse! Manchmal, wenn wieder ein Christ um Hilfe bat, ging ich mit ihm vor die Tür, um seine Not richtig zu verstehen und dann mit ihm eine Möglichkeit der Hilfe zu finden. So etwas nannte man „konspirative Gespräche". Da alles und jeder beobachtet und abgehört wurde, machte mich das natürlich verdächtig.

Ich war zu der Zeit noch völlig von der Politik der DDR-Regierung überzeugt. Jeden, der meckerte, verdammte ich geradezu. Das führte dazu, dass ich nicht merkte, wie ich mich selbst mit meinem Engagement für andere Menschen in Gefahr brachte.

Natürlich kamen auch Zeugen Jehovas. Ich behandelte sie als ganz normale Bürger, als wäre nichts Besonderes an ihnen. War es ja eigentlich auch nicht. Sie wurden nur in eine besondere Ecke gestellt, weil sie manches anders für sich entschieden als wir Atheisten. Wir hatten in der DDR Religionsfreiheit. So gesehen waren Zeugen Jehovas und Christen keine besonderen Leute.

Eines Tages kam ein völlig aufgeregter Mann zu mir. Seine Frau hatte Krebs im Endstadium und schreckliche Schmerzen. Der Arzt wollte sie mit ins Krankenhaus nehmen, damit sie behandelt wurde, auch mit Bluttransfusion. Aber die Leute waren Zeugen Jehovas, die Bluttransfusionen ablehnen. Nun suchten sie bei mir Hilfe und ich half ihnen auch. Mag jeder über Bluttransfusion denken, wie er will. Der eine ist dafür dankbar, weil sie sein Leben rettet. Der andere lehnt sie ab, weil er Angst hat, noch eine andere Krankheit zu bekommen. Zeugen Jehovas lehnen sie aus religiösen Gründen ab. Was tut das zur Sache? Der Mensch hat eine Würde und ein Selbstbestimmungsrecht. Auch in der DDR hatte er das.

Ich teilte nicht den Glauben der Zeugen Jehovas. Meine Götter waren Marx, Engels und Lenin und ich ging montags in meine Parteiversammlung. Diese Leute glaubten an einen Gott und gingen sonntags in ihre Versammlung. In einem demokratischen Land sollte das selbstverständlich und problemlos möglich sein. Gerade diese Unterschiede, diese völlig andere Lebensgestaltung der Menschen, bringt eine interessante Vielfalt in die Gesellschaft. Damit dies aber möglich ist, braucht es unbedingt die Akzeptanz der Menschenwürde und des Selbstbestimmungsrechtes für jeden Menschen.

Die DDR wollte ein demokratischer Staat sein. Aber wie viel Demokratie gab es denn wirklich bei uns? Solange jemand tat, was der Regierung gefiel, war alles gut. Aber wehe dem, der selbst dachte, der seine eigene Würde und Selbstbestimmung wahrnehmen wollte! Das Wort Demokratie musste man in der DDR wirklich sehr klein schreiben.

Ich dachte zu viel, das schien mein Problem zu sein. Dabei hatte ich doch meine Ideale von Frieden und Gerechtigkeit, denen ich regelrecht nachjagte, seit ich den Prager Frühling 1968 erlebt hatte. Der Heiligenschein, den ich mir um die DDR gebaut hatte, bröckelte aber jetzt Stück für Stück ab und die Realität einer Diktatur des Proletariats holte mich ein. Proletarier, das war die Partei, aber nicht das Volk.

Richtig schwer wurde es für mich, als es um den Zustand der Pflegeheime ging. Ich hatte bei etwa 120.000 Einwohnern im Landkreis wie erwähnt immer 1.000 – 1.200 Pflegeheimanträge, die in der Regel im Schrank lagen, bis die Leute gestorben waren. In regelmäßigen Abständen wurden die Anträge dementsprechend aussortiert und die neuen kamen dazu. Im Landkreis hatten wir etwa 700 Pflegeheimbetten. Das bedeutete im Monat meist nur wenige Betten, die neu belegt werden konnten. Im Herbst, wenn die Blätter vom Sturm von den Bäumen geweht wurden, wurden auch viele alte Leute „weggeweht". Da wurden also mehr Plätze frei. Das war auffällig, jedes Jahr. Aber das waren natürliche Vorgänge, auf die auch der Kommunismus keinen Einfluss hatte.

Es klingt für mich selbst heute noch makaber, dass ich mich als junge Frau freute, wenn im Herbst die Blätter von den Bäumen fielen. Dann wusste ich, dass ich bald wieder dringende Fälle ins Pflegeheim aufnehmen konnte. Besonders betroffen machte mich ein alter Mann. Er kam Woche für Woche und sagte: „Mädchen, ich kann nicht mehr. Bitte gib mir ein Bett im Heim." So gern ich es gewollt hätte – aber ich hatte einfach keine Möglichkeit für ihn.

Eines Tages kam er mit einer Wolldecke unterm Arm zu mir und sagte: „Wenn du mir heute kein Bett gibst, dann geh ich auf den Friedhof, um zu sterben." Tatsächlich ist er in dieser Nacht dorthin gegangen. Man fand ihn erfroren auf der Wiese des Friedhofs.

Solche und ähnliche Schicksale ließen mich natürlich nicht unberührt. Und immer öfter fragte ich mich, wie viel Arbeiter- und Bauernstaat die DDR wirklich war?

Es gibt immer noch Hardliner, die meinen, die DDR habe soziale Sicherheit geboten. Es gab in der DDR weder ein Obdachlosenheim noch ein Frauenhaus. Aber es gab ja auch keine Obdachlosen; die sperrte man nämlich ins Gefängnis wegen Asozialität. Auf diese Weise konnte die Partei behaupten, es gebe keine Obdachlosen.

Frauen, die in Not waren, nahm man ihre Kinder weg. Ich habe in der DDR soziales Unrecht noch und noch gesehen. Ständig wurde vollmundig darüber gesprochen, welch großartige Leistungen unsere Arbeiterklasse vollbrachte und wie sehr man sie würdigte. Das galt mit Sicherheit nicht für unsere alten Menschen, die mit ihren Händen nach dem Krieg das Land wiederaufgebaut hatten. Mir tat das so weh, solche Sachen erleben zu müssen. Und ich hatte keine Chance, etwas dagegen zu tun.

Eines Tages kam der Kreisarzt und wollte einen Zustandsbericht der Pflegeheime, weil wir im neuen Fünfjahrplan eventuell ein neues Pflegeheim bekommen sollten. Diesen Bericht fertigte ich mit ganzer Genauigkeit an. Ich fügte sogar Fotos bei. Darauf sah man das Bad eines Heimes. Die Wanne verrostet und über der Wanne schwebte der Salpeter an der Decke. Es gab keinen Hubtisch oder andere Hilfsmittel, um die alten Menschen in die Wanne und wieder herauszubringen. Die Patienten mussten von den Schwestern an Armen und Beinen gepackt und in die Wanne gehoben werden. Immer öfter kam es vor, dass während des Badens von der Decke die Kalkfarbe ins Wasser der Wanne fiel, bis man eines Tages die Heimbewohner nicht mehr badete. So sahen die hygienischen Bedingungen aus.

Bautechnisch fotografierte ich auch ein Ehepaarzimmer. Das war eine Dachkammer mit schrägen Wänden und einem Dachfenster, wo eigentlich der Schornsteinfeger durchkrabbelte. Das Zimmer war nicht heizbar, also im Winter hundekalt. Der Kleiderschrank stand im Treppenhaus, die Betten standen getrennt, weil es von der Decke hereinregnete. Zwischen den Betten stand ein Eimer, mit dem das Regenwasser aufgefangen wurde. Zum Essen musste dieses Ehepaar eine Etage tiefer in den Speisesaal gehen. Das nannte sich Ehepaarzimmer für die Arbeiterklasse. Katastrophaler ging es nicht mehr.

Alles, was ich mir wünschte, war ein neues schönes Heim für alte Menschen. Dafür habe ich alles drangesetzt. Der Zustandsbericht wurde vom Kreisarzt zerrissen und mir vor die Füße geworfen. Ich sollte einen vernünftigen Bericht schreiben. Ich sammelte die zerrissenen Seiten auf und nahm sie behutsam an mich. Dann schrieb ich einen Bericht, der eher der Vorstellung des Kreisarztes entsprach als der Wahrheit. Aber er unterschrieb ihn und ich bekam gesagt: „Na also, Genossin Bulland, es geht doch. Beim nächsten Mal gleich so!"

Was der Kreisarzt nicht wusste: Ich brachte den ersten Bericht, den er zerrissen hatte, persönlich an die übergeordnete Stelle zu einer Person meines Vertrauens, einer Person, die dem Kreisarzt übergeordnet und weisungsberechtigt war. Die Dinge nahmen ihren Lauf. Die nächste Kommunalwahl wurde vorbereitet und es hieß, dass der Kreisarzt nicht mehr für den Kreistag kandidieren sollte. Das bedeutete, dass er vom Amt des Kreisarztes entbunden werden sollte. Damit Sie das nicht falsch verstehen: Wenn jemand aufgrund von besonderen Vorkommnissen seines Amtes enthoben wurde, dann war diese Person für den Rest ihres Lebens gezeichnet.

Dazu kam es aber nicht.

An einem ganz gewöhnlichen Arbeitstag kamen zwei Männer mit dem Kreisarzt in mein Büro und erklärten mir, dass ich mich beruhigen solle. Man gab mir dafür eine Spritze. Ich sollte schnell noch meinen Schreibtisch aufräumen. Dann weiß ich nicht mehr, was geschah. Ich hatte wohl das Bewusstsein verloren.

Aufgewacht bin ich in der Psychiatrie.

Nach Monaten wurde ich entlassen. Ich ahnte nicht, dass es nur für kurze Zeit war. Meine Kollegin beim Rat des Kreises teilte mir mit, dass das neue Pflegeheim im neuen Fünfjahrplan gebaut werden würde.

Auf meinen Arbeitsplatz durfte ich nicht wieder. Ich musste in einen Produktionsbetrieb. Dort wurde ich zur Vervielfältigung eingesetzt. Die eine Maschine, die täglich acht Stunden lief, arbeitete mit Ammoniak, wovon ich täglich acht Liter in eine Wanne gießen musste.

Ich musste direkt vor der Wanne stehen, um technische Zeichnungen zu vervielfältigen. Alle Grünpflanzen, die ich mitgebracht hatte, um den Raum ein bisschen freundlicher zu machen, wurden schwarz, sie starben von der Ammoniakkonzentration im Zimmer. Und meine Gesundheit? Das interessierte keinen. Nicht den Arbeitsschutz, nicht meinen Abteilungsleiter, keinen.

Da rief ich selbst bei der Kreishygienekommission an. Die kamen auch zur Kontrolle und machten Messungen, ohne das Wissen der Betriebsleitung. Das war durchaus üblich und dennoch war die Betriebsleitung stinksauer auf mich, da sie sich von mir hintergangen fühlte. Die Empfehlung der Hygienekommission war, dass an meinem Arbeitsplatz nur mit Gasmaske gearbeitet werden sollte. Mein Abteilungsleiter sagte mir, dass die Firma für solche Zwecke keine Gasmasken habe, die würden alle zu Verteidigungszwecken gebraucht. So hatte ich die Wahl, entweder Arbeitsverweigerung oder weiter wie bisher.

Nach dem ersten monatelangen Psychiatrieaufenthalt konnte ich sowieso nicht mehr viele Wochen hintereinander arbeiten. Ich wurde ständig krank und auch krankgeschrieben. Die Arbeit musste dann jemand anderes machen und ich wurde, wenn ich mal da war, mit einfachsten Hilfsarbeiten nur noch stundenweise beschäftigt. So erledigte sich das Problem allmählich von selbst.

Das Pflegeheim wurde wirklich gebaut. Dort verbrachte dann sogar mein Vater seine letzte Zeit – unter würdigen Bedingungen. Auch wenn es mich einen hohen Preis gekostet hat, aber das gibt mir noch heute ein Gefühl von Genugtuung.

Allerdings soll nicht unerwähnt bleiben, dass es vermutlich der letzte Auslöser war, der meine Familie und unser persönliches Leben zerstört hat. Welche anderen Gründe es gab, weiß ich bis heute nicht. Der Kampf für Frieden und Gerechtigkeit für die „kleinen Leute unten an der Basis" brachte extremes Unrecht über meine Familie. Frieden wurde in unserem Leben ein Fremdwort und von Gerechtigkeit konnte keine Rede mehr sein.

Aber es war doch genau dies, der Wunsch nach Frieden und Gerechtigkeit für jeden, der mein Denken und Handeln bestimmt hatte. Ich hatte dafür alles eingesetzt und letztlich alles verloren. Vielleicht war ich eine gute Humanistin. Mit Sicherheit meinte ich, ein guter Mensch zu sein. Ich sagte oft: „Ich bin für die Gesellschaft da." Und ich rechnete damit, dass die Gesellschaft für mich da sein würde, wenn ich sie brauchte. Die Gesellschaft war für mich die Partei. Niemals in dieser Zeit hatte ich einen Gedanken an Gott. Ich fragte mich niemals, ob ich denn mal in den Himmel kommen würde. Nie dachte ich darüber nach, was nach meinem Tod einmal sein würde. Ich war einfach immer im Heute und Jetzt.

Genugtuung bedeutete es für mich, wenn mich die dankbaren Augen der Menschen ansahen, denen ich geholfen hatte. Das war mir Lohn genug. Von meiner Familie, von meinem Mann, meinen Eltern oder Schwiegereltern erhielt ich diese Anerkennung nicht. Also ging ich dahin, wo man mir Anerkennung gab, zur Partei und zu den Hilfebedürftigen „unten" an der Basis. Von da „unten" kam ich selbst her, da kannte ich mich aus. Da verstand ich die Menschen und wusste, was sie brauchten. Die Partei verstand das nicht. Diese „Oberen" hatten anscheinend alle vergessen, wo sie herkamen. Oder standen sie unter dem extrem harten Druck der Parteiführung und der Regierung?

Nach der Wende, Anfang 1990, hatte ich die Möglichkeit, stundenweise in der SED-Kreisleitung als Reinigungskraft zu arbeiten. An meinem ersten Arbeitstag wollte ich zum Personalchef gehen. Da erfuhr ich, dass es den noch nie gegeben habe. Da ging ich zum Kreisvorsitzenden und bat um meinen Arbeitsvertrag. Für mich war das ganz selbstverständlich und ich konnte die Verwunderung der Genossen nicht verstehen. Bis man mir unter vier Augen und im Flüsterton sagte, dass es in der SED lediglich Arbeitsvereinbarungen gegeben habe, aber keine Arbeitsverträge. Das bedeutete: Wenn jemand mit Parteiauftrag in die Kreisparteileitung kommandiert wurde, hatte er keinen Arbeitsvertrag mehr, auf den er sich berufen konnte. Parteiauftrag hieß: für sechs Monate zwangsweise auf einen anderen Arbeitsplatz versetzt zu werden. Das konnte immer wieder für sechs Monate verlängert werden. Das war aber nur für Parteimitglieder möglich. Diese Genossen waren also gezwungen, das Wohlwollen der Vorgesetzten zu erkämpfen. So musste er alle Aufgaben und Ziele durchsetzen, egal ob er das mit seinem Gewissen vereinbaren konnte oder nicht. Wenn er sich nicht den Anordnungen unterordnete, weil er es mit seinem Gewissen nicht vereinbaren konnte, konnte man ihn von einem zum anderen Tag nach Hause schicken. Dann hatte dieser einst gute Genosse plötzlich keine Arbeit mehr, dafür aber einen Vermerk in seinen Akten, was dazu führte, dass er keine Arbeit mehr bekam. Er war für immer gebrandmarkt.

So lastete ein extremer Druck auf jedem Mitarbeiter der Kreisparteileitung. Der Verdacht liegt nahe, dass das wahrscheinlich bis in die Partei- und Staatsspitze hinein so war. Allerdings habe ich darüber keine verlässlichen Informationen.

Diesen immensen Druck, immer gefallen zu müssen, habe ich selbst auch erfahren. Erst wurde ich nach oben gepuscht und später, als ich nicht mehr die Gunst meiner Vorgesetzten hatte, weil ich den Finger auf die immer wiederkehrenden Ungerechtigkeiten legte, wurde ich fallen gelassen wie eine heiße Kartoffel. So wurde ich als studierte Pädagogin zur Hilfsarbeiterin.

Vor der Wende oder nach der Wende – immer habe ich Ungereimtheiten beim Namen genannt und dabei keine Rücksicht auf die Person genommen. Mein Gerechtigkeitssinn hat mich nie verlassen.

Ich kann Ungerechtigkeiten anderen Menschen gegenüber nicht ertragen, vor allem, wenn „der kleine Mann" benachteiligt wird. Die Leute, die nur wenige Chancen im

Leben haben, auch wenn viele selbst an ihrem Dilemma schuld sind – ich mag diese Menschen und helfe ihnen gern, damals wie heute.

In der Psychiatrie

1982 wurde ich – für mich völlig unverhofft – zu einer EEG-Ableitung vorgeladen. Beim EEG wird untersucht, ob das Hirn regelmäßig und rhythmisch korrekt arbeitet. Es gab keinerlei Hinweise oder Begründungen, weshalb ich zu solch einer Untersuchung sollte. Zu dieser Zeit war ich aus gesundheitlichen Gründen bereits berufsunfähig im Bildungswesen, hatte ich mir doch bei einem Unfall beide Füße zertrümmert und konnte keine stehende Tätigkeit mehr ausüben. Ich arbeitete jetzt im Büro einer Produktionsfirma. Unser beruflicher Werdegang war in der DDR in der Regel nicht von uns selbst bestimmt. Darüber verfügte für gewöhnlich der Staat bzw. die Partei. Es war noch nicht klar, wie es für mich beruflich künftig weitergehen sollte. So sah ich das EEG in diesem Zusammenhang und ging hin.

Anschließend wurde mir kein Befund mitgeteilt. Mit Medikamenten wurde ich nicht behandelt, ich war ja auch nicht krank. Ich war bis dahin nie bei einem Neurologen in Behandlung gewesen.

Am 3. Juni 1983 wurde ich zu einer neurologisch-psychiatrischen Untersuchung vorgeladen. Auch dafür nannte man mir keinen Grund. Der Arzt fragte mich, wie es mir ginge. Mir ging es gut, was sollte ich auch anderes sagen. Dann bat der Arzt mich, die Türklinke anzuschauen. Ich tat es und sah ihn wieder an. Da ermahnte er mich recht streng, ich solle die Türklinke anschauen und sonst nichts. Ich war etwas erschrocken über seinen Ton und tat, was er sagte. Nach einiger Zeit fragte er mich, was ich sehe. „Eine Türklinke", war meine Antwort. Dann sagte er zu mir: „Das war's, Sie können wieder gehen."

Ich bin selten im Leben sprachlos gewesen, aber da wusste ich nichts mehr zu sagen.

Man hatte in der DDR nicht einfach die Möglichkeit, sich solchen Maßnahmen zu entziehen. Außerdem waren wir als Kinder sowieso zum bedingungslosen Gehorsam erzogen worden. Der Obrigkeit gegenüber war es nicht gestattet zu rebellieren. Das hatte immer unangenehme Folgen. Nachdem mein Vater im Gefängnis gewesen war, hatten meine Eltern uns alles Mögliche beigebracht, damit wir Kinder niemals Ärger mit dieser Obrigkeit bekommen sollten. Es war überhaupt nicht lustig, wenn man vor den Schulkameraden oder den Arbeitskollegen stehen und Selbstkritik üben musste. Das bedeutete, dass man sagen musste, wie sehr man dem Kollektiv geschadet hatte, dass man sich dafür schämte. Und man musste geloben, ein besserer Mensch zu werden, denn mit undisziplinierten und faulen Menschen könne man nicht den Sozialismus aufbauen. Ich erlebte sogar einmal, dass man einen Schüler „Schädling" nannte. Die Folgen für den Schüler waren mir damals noch nicht bewusst. Schädlinge müssen beseitigt werden. Was ja die DDR auch wirklich praktizierte. Diese Einstufung als „Schädling" war mit Sicherheit in seiner Akte vermerkt und damit war sein weiterer Lebensweg in der DDR sehr schwierig.

Im Jahr 1984 musste ich wieder zu einem EEG. Auch das wurde mir nicht begründet und der Befund wurde nicht mit mir besprochen. Ich hörte einfach nichts mehr davon.

1985 hatte ich ein Knötchen am Kehlkopf, das entfernt werden sollte. Die OP war im August 1985, wenige Tage vor der Einschulung unserer Tochter. Es war ja nur ein kleiner Eingriff, der sollte dieses Fest nicht beeinflussen. Zur damaligen Zeit wurde ein solcher Eingriff bei örtlicher Betäubung vorgenommen. Zu mir sagte man allerdings, dass es erforderlich sei, mir eine Vollnarkose zu geben. Wenn ein Arzt so etwas zu mir sagte, dann hatte ich keine Zweifel, dass dies auch richtig war. Aber es wäre gut gewesen, wenn ich gezweifelt und nachgefragt hätte.

Nach der Narkose wachte ich nicht einfach wieder auf. Für Momente war ich bei Bewusstsein und dann wusste ich wieder nicht mehr, was los war. Das hatte mit Sicherheit nichts mit einem kleinen, kurzen Eingriff zu tun. Ich wurde dann auf die Intensivstation gebracht. Man sagte mir: „Hier laufen die wenigsten wieder raus." Hatte ich richtig verstanden? Hatte man mich auf eine Station gebracht, wo die Leute in der Regel starben? Was hatte man mit mir gemacht??

Nach ein paar Tagen wurde ich wieder in die HNO-Abteilung verlegt. Erst dann entfernte man den Knoten an meinem Kehlkopf – mit örtlicher Betäubung! Bis heute frage ich mich: Was wollte man mit der Narkose erreichen?

1985 war ich noch im Rat des Kreises in der Abteilung Gesundheits- und Sozialwesen tätig. Einmal im Monat traf sich eine Kommission, die darüber beriet, wer einen der wenigen Pflegeheimplätze bekam. Dazu gehörte ein

Oberarzt von der Chirurgie aus dem Kreiskrankenhaus, weil wir dort manches Bett belegt hatten, wenn es sonst gar keine andere Möglichkeit mehr gab. Zur Kommission gehörten außerdem der Kreisgeriater, ein Neurologe/Psychiater, der leitende Oberarzt der Inneren Abteilung und die Leiterin der Pflegestation. Gemeinsam gingen wir die neuen Anträge durch und beschlossen dann, wer die frei gewordenen Betten bekam. Es war jedes Mal ein Balanceakt, der Partei Genüge zu tun, aber auch die dringlichsten Pflegefälle aufzunehmen. Durch diese Sitzungen sah ich den Neurologen/Psychiater regelmäßig, Monat für Monat. Das gehörte zum Arbeitsalltag.

Nach meiner Kehlkopf-OP und der seltsamen Narkose sagte er eines Tages während einer Kommissionssitzung, dass ich dringend Antiepileptika nehmen müsse. Er sagte, dass er seit Jahren einen EEG-Befund von mir im Schreibtisch habe und dass ich Epileptikerin sei.

Ich war total überrascht. Ich dachte daran, dass ich 1982 und 1984 zu einem EEG musste, aber keiner mir gesagt hatte, dass ich Epileptikerin sei. Hatte man mich einfach mit einer solchen Krankheit herumlaufen lassen? Jeden Monat saß dieser Arzt mit mir an einem Tisch und hatte nie etwas gesagt. Und nun diese Aussage. Tja, was sollte ich dazu oder dagegen sagen? Ich hatte auch nicht die leiseste Ahnung, dass man mich wie einen „Schädling" betrachtete, den man langsam, aber sicher beseitigen wollte.

Zunächst wurde ich krankgeschrieben und begann die Medikamente zu nehmen. Es dauerte nicht lange, da wurde mir eröffnet, dass ich mal in eine psychiatrische Klinik müsse, damit ich genauer untersucht werden könnte und besser auf Medikamente eingestellt würde.

Sollte ich mich dagegen wehren? Ich hatte doch keine

Ahnung, dass da ein ganz böser Plan im Gange war, der sich „Zersetzung der Persönlichkeit" nannte. Bis zur Wende 1989 habe ich nie davon gehört. Und wenn man es mir gesagt hätte, dann hätte ich es wahrscheinlich noch nicht einmal geglaubt. Ich war diesem bösen Spiel ahnungslos ausgeliefert und machte ganz freiwillig alles mit. Ich war wie ein erstarrtes Kaninchen.

So folgte 1985 mein erster Aufenthalt in einer psychiatrischen Klinik, in der Klinik Altscherbitz. Dort wurde eine „neurologische Grunduntersuchung" durchgeführt. Dazu musste ich mich völlig nackt ausziehen. Das sei notwendig, um meine Reflexe prüfen zu können. Andere Frauen kamen verweint von dieser Grunduntersuchung zurück.

Bei diesem Aufenthalt sprach man mit mir das erste Mal über meine Ehe. Ich sei unzufrieden bei meinem Mann und ich sei frigide, also emotional kalt, sexuell empfindungslos. Man fragte mich, ob ich denn noch nie einen anderen Mann gehabt habe. Nein, das hatte ich nicht. Dies sei ein großer Fehler, denn man müsse sich ja ausprobieren, um den Richtigen zu finden. Ich bin noch heute dankbar dafür, dass ich vor meinem Mann keine anderen Freunde und keine sexuellen Kontakte gehabt hatte. Auch nach unserer Ehe war das so. Ich weiß nur von einem Mann und darüber bin ich sehr froh.

So ging es also nun nicht mehr nur um meine Person und um mein Leben, nun rückte meine Familie ins Zentrum des Interesses.

Einige Monate später war es wieder „dringend erforderlich", dass ich stationär behandelt werden müsste. Ich wollte nicht. Ich hatte Angst, mich wieder splitternackt ausziehen zu müssen und wieder diese zermürbenden Gespräche zu erleben, wo es nun nicht mehr reichte, meine

Ehe für ungut zu erklären. Jetzt begann die Zeit, wo man mir klarmachen wollte, es sei für meine Tochter schwierig, dass ihre Mutti so sehr krank war. Man wollte mir allmählich verklickern, dass ich nicht in der Lage sei, meine Tochter richtig zu erziehen.

Auf dieser Station, wo ich das zweite Mal war, traf ich dann als Patienten unter anderem Pfarrer und Parteisekretäre und auch Ehefrauen, deren Männer im Ausland waren. Das waren nicht viele, aber doch einige, wobei ich nie alle Patienten auf der Station kennengelernt habe.

Mit einem Pfarrer verstand ich mich sehr gut. Wir machten gern ein paar Witzchen miteinander. Eines Tages hatten wir einen genialen Einfall. Wir spielten Parteiversammlung. Wir schrieben einen an Sarkasmus kaum noch zu übertreffenden „Rechenschaftsbericht", wo wir die übelsten Dinge über die Klinik berichteten, die passiert waren. Zum Beispiel hatte der damalige Ärztliche Direktor die Angewohnheit, täglich mit dem Angelhocker zu seiner verstorbenen Frau auf den Friedhof zu gehen. Dort las er ihr die Zeitung vor. Patienten hatten ihn dabei beobachtet. Dann war eine ganz böse Sache in der Klinik passiert. Eine schwerbehinderte junge Frau wurde vom Pflegepersonal über die Hauptstraße geschickt, um etwas einzukaufen. Auf der Straße blieb die Frau an den Straßenbahnschienen hängen und stürzte. Eine Straßenbahn fuhr ihr beide Beine ab. Davon haben wir auch geschrieben. Und wir waren dabei wirklich nicht nett mit den Schuldigen. Ich hatte einige Wochen nach diesem Unfall die Mutter der Patientin gesprochen. Daher hatten wir es überhaupt erst erfahren. Ja, das Wohl des Menschen stand doch immer im Vordergrund, so erzählte man uns es offiziell. In Wahrheit war das ganz anders.

Wir schrieben den Wetterbericht der Klinik, die vielen Tiefs, die Patienten erlebten, was täglich zu heftigen Regenfällen führte. Uns fiel mancherlei ein. Ich konnte mir über die vielen Jahre hin nicht alles merken. Aber einen unserer Texte habe ich nie vergessen:

"Die sechs Wunder der DDR"

1. In der DDR gibt es keine Arbeitslosen, trotzdem hat die Hälfte nichts zu tun.

2. Trotz dass die Hälfte nichts zu tun hat, werden die Pläne erfüllt und übererfüllt.

3. Trotz dass die Pläne erfüllt und übererfüllt werden, gibt es nichts zu kaufen.

4. Trotz dass es nichts zu kaufen gibt, haben fast alle Leute fast alles.

5. Trotz dass fast alle Leute fast alles haben, meckert die Hälfte.

6. Trotz dass die Hälfte meckert, wählen 99,9% die Kandidaten der Nationalen Front.

So wird der Sozialismus in der DDR gebaut.

Es wurde wieder mein Kopf untersucht, diesmal mit Kontrastmittel, was sehr unangenehm war. Es war ein Gefühl, als hätte man mir den Kopf mit Luft aufgepumpt und der

Schädel drohte zu platzen. Ich wurde bewusstlos. Als ich wieder wach wurde, lag ich auf dem Boden und war total nass.

Inzwischen hatte ich schon richtige psychische Probleme, Angstzustände. Die Angst konnte so schlimm werden, dass ich stocksteif einfach dastand und mich nicht bewegte. Manchmal zitterte ich am ganzen Leib. Das wurde epileptischer Anfall genannt. Ich konnte vor Angst nicht reden. So stellte man fest, ich sei nicht ansprechbar. In der Regel wurden mir mehrere Ampullen Beruhigungsmittel gespritzt, bis ich nichts mehr mitbekam. Allmählich war es nicht mehr schwer für die Ärzte, mir klarzumachen, wie krank ich sei. Ich war inzwischen auch krank, nicht organisch, aber psychisch. Die Medikamente und die Gespräche hatten mich einfach nur kaputt gemacht.

Wie oft musste ich hören, dass ich als Frau sexuell nicht fähig sei? Man nannte mich auf verletzende, erniedrigende Art frigide, was einer Abwertung meiner Person als Frau gleichkam. Wie oft musste ich hören, dass ich als Mutter unfähig sei und das eigene Kind eine ordentliche Familie verdient habe? Wie oft musste ich hören, dass die meisten Männer sich in solch einer Situation scheiden ließen? Mich hat das psychisch zerstört. Ich hatte immer öfter richtige Aussetzer, bekam immer mehr Medikamente in höheren Dosen. Inzwischen rauchte ich, mehr und mehr. Schlussendlich waren es vierzig Zigaretten am Tag, und umso weniger aß ich.

Im Frühjahr 1987 musste ich erneut unter Androhung einer Zwangseinweisung in die Psychiatrische Klinik Altscherbitz. Nach wenigen Tagen auf einer neurologischen Station wurde mir gesagt, dass ich verlegt würde. Ich fragte, weshalb und was auf der anderen Station mit mir gemacht werden sollte. „Das sagen die Ihnen drüben auf der Station." Das war die ganze Antwort.

So nahm ich meine Sachen und ging zu dem anderen Gebäude. Dort wurde ich bereits an der Haustür erwartet, was mich etwas stutzig machte. Ich wurde ins Haus gebeten und hinter mir schloss man die Haustür zu. Jetzt war ich eingeschlossen! Ich hatte keine Möglichkeit mehr, das Haus zu verlassen. Damals rauchte ich noch und suchte deshalb die sogenannte Raucherecke. Daraufhin teilte man mir mit, dass hier alle Nichtraucher würden. Ich musste die Zigaretten abgeben und bekam dafür Medikamente, die mir bei der Entwöhnung helfen sollten. Was das wirklich für Medikamente waren, weiß ich nicht.

Um nicht ganz verrückt zu werden, suchte ich den Kontakt zu anderen Patienten. Und wieder fiel mir auf, dass dort einige „politische Patienten" waren.

Es fanden fast ausschließlich Gruppengespräche statt, die dazu dienten, die Patienten der Reihe nach zu demütigen, zu zermürben, ihnen das Selbstbewusstsein zu rauben. Da wurde mit üblen Unterstellungen nicht gespart. Mir wurde immer wieder vorgehalten, dass mein mangelndes sexuelles Interesse schon krankhaft sei. Die Empfehlung für meine „Heilung" war: „Nehmen Sie sich doch mal einen anderen Mann, damit Sie erfahren, was Liebe wirklich ist." Solche Dinge sagte man mir, obwohl bekannt war, dass ich verheiratet war.

Eines Tages kam mein Mann zu einem gemeinsamen Gespräch. Dort wurde wieder unsere Sexualität in den Blickpunkt gerückt. Ich saß neben meinem Mann, als man ihm empfahl, sich doch mal eine andere Frau zu nehmen, damit er seine Bedürfnisse auch befriedigt bekomme, denn ich sei ja kalt und gefühllos, eben frigide. Man benutzte dieses Wort „frigide" ausschließlich in demütigender und verletzender Weise. Ich war verzweifelt und wunderte mich über meinen Mann sehr. Er sagte kein Wort, eine ganze Stunde lang sagte er einfach nichts. Hinterher ging er, ohne sich von mir zu verabschieden. Den Grund dafür erfuhr ich nie.

In den folgenden Wochen konfrontierte man mich immer wieder damit, dass ich nicht erziehungsfähig sei. Man schilderte mir, wie meine Tochter jeden Tag weinen würde. Und man schlug mir vor, mein Kind in eine Pflegefamilie zu geben. Ich stimmte dem nicht zu. Unsere Tochter wurde von meinem Mann gut betreut und versorgt. Omas und Opas wohnten nicht nur ganz in der Nähe, sie halfen auch viel. Es gab zu keinem Zeitpunkt einen Grund, unsere Tochter zu fremden Leuten zu geben.

Dann sagte man mir: „Einer von Ihnen beiden unterschreibt die Scheidung, sonst sehen Sie Ihr Kind nie wieder. Ihre Tochter ist schon im Kinderheim. Zurück bekommen Sie sie nur, wenn Sie sich scheiden lassen." Das zerriss mir fast das Herz. Ich konnte nicht mehr. Ich war am Rande des Wahnsinns. In der folgenden Zeit konnte ich keinen klaren Gedanken mehr fassen. Bei keinem Gespräch konnte ich konzentriert zuhören. Ich sah immer meine kleine, so geliebte Tochter Jacqueline vor Augen, wie sie weinte, und ich meinte sogar zu hören, wie sie nach mir rief. Der Gedanke, dass ich mein Kind nie wiedersehen sollte, war einfach unerträglich für mich. Ich war zu allem bereit, damit ich meine Tochter wiederbekommen würde.

So gab ich der Forderung nach Scheidung nach.

Danach wurde ich plötzlich und ohne Vorankündigung entlassen. Am gleichen Tag wurde mein Mann in dieselbe

Klinik auf die gleiche Station gebracht. Er war nur sechs Wochen dort. Trotz dieser verhältnismäßig kurzen Zeit kam er aber völlig verändert wieder. Er hatte Verhaltensweisen, die er vorher nie gehabt hatte. Ich war auch völlig verändert. Bei uns beiden waren das keine positiven Veränderungen. So wurde es wirklich schwierig in unserer Familie. Im Bett konnte ich nicht mehr mit meinem Mann. Es war zu schlimm, was man mir monatelang über ihn gesagt hatte. Diese scheußlichen Verleumdungen waren wirklich in meinem Herzen gelandet. Ich konnte ihn nicht mehr lieben. Stattdessen hatte ich Angst vor ihm.

Diese Monate hatten uns beide in nicht positiver Weise verändert.

Als ich nach Monaten aus dieser Klinik entlassen wurde, schrieb man mich sofort zum anderen Tag arbeitsfähig. Nach fünf Monaten Klinikaufenthalt hatte ich nicht einen Tag die Gelegenheit, meinem Arbeitgeber zu sagen, dass ich wieder zur Arbeit kommen würde. Die verantwortlichen Behörden haben zu dieser Zeit nichts, aber auch gar nichts ausgelassen, um mir Schwierigkeiten zu machen. Das Erste, was ich nach fast einem halben Jahr auf Arbeit hörte, war Kritik, weil ich mich nicht vorher arbeitsfähig gemeldet hatte. Von 17.00 Uhr bis zum anderen Tag 7.00 Uhr hatte ich mich aber gar nicht melden können, weil das Amt da geschlossen war. Aber das störte meinen Chef, den Kreisarzt, recht wenig. Ich war eben schuldig. Wer sollte denn sonst die Verantwortung dafür tragen? So war das eben im Kommunismus, da war der Staat nie schuld.

Ich war nicht mehr arbeitsfähig, ich war einfach kaputt. „Zersetzung der Persönlichkeit" war das Ziel gewesen und ich war auf dem besten Weg dorthin.

Auf dem Küchentisch bei uns zu Hause lag ein Brief von einer Frau, die ich in den letzten Wochen in der Klinik kennengelernt hatte. Dieser Brief lag auf meinem Platz. Sie hatte mir geschrieben. Als ich den Brief las, wusste ich, dass nichts mehr von meiner so intakten, guten Ehe geblieben war. Die Familie war kaputt. Ich habe tagelang nur noch geweint. Ich wusste nicht mehr aus noch ein.

Damals hatte ich eine sehr auffällige Kollegin. Als ich nach Monaten zum ersten Mal wieder auf Arbeit kam, suchte sie mich zu einem Vieraugengespräch auf. Dabei hatte sie nur ein Thema: meine Scheidung. Sie wusste sogar schon einen Rechtsanwalt für mich. Ich war platt und kam aus dem Staunen nicht mehr heraus. Woher wusste sie von all den Dingen, die da in meiner Familie liefen?

Damals war mir nicht klar, wie die Stasi arbeitete, ich wusste wirklich nicht, dass es Spitzel gab, die um mich herum waren, oder wie man heute sagt, die auf mich angesetzt wurden. Gerne hätte ich nach der Wende in meiner Stasiakte gelesen, was da wirklich gegen mich gelaufen war. Natürlich beantragte ich nach der Wende Einsicht in meine Akte, aber leider findet man bis heute keine Stasiakte von meiner Person. Als ich nach dem Tod meiner Eltern erfuhr, dass mein Vater in der Zeit, als ich geboren wurde, im Gefängnis war, wollte ich gern wissen, ob mein Vater auch mein Erzeuger war. Deshalb beantragte ich bei der Stasiunterlagenbehörde die Einsicht in die Akte meines Vaters. Ich bekam auch einen Auszug, der mir meine Fragen beantwortete. Das vermittelte mir ein völlig neues Verständnis vom Leben meiner Eltern.

Es ist gut, das Leben unserer Vorfahren zu betrachten, sofern das möglich ist. Ein ganz wichtiger Grund ist in der Bibel im 2. Mose Kapitel 34, Vers 6+7 genannt: „Gott ist barmherzig und gnädig, langmütig und reich an Güte und Treue. Er erweist uns Gnade über tausend Generationen; er vergibt Schuld, Vergehen und Sünde, aber er lässt sie keineswegs ungestraft. Er wird die Sünden der Väter verfolgen an den Kindern und Enkelkindern bis in die dritte und vierte Generation."

Die Auswirkungen des Segens und der Heimsuchung entsprechend dem Leben unserer Vorfahren können sehr groß sein. Als Kind und Jugendliche sind mir wunderbare Sachen gelungen und ich war der Meinung, *ich* sei besonders gut und besser als viele andere. Aber ich hatte keine Ahnung davon, welche segensreichen Auswirkungen es hatte, dass mich der Pfarrer als Baby Gott geweiht hatte. Andererseits gab es in meinem noch jungen Leben viele traurige Momente. Vor allem wenn meine Mutter mir wieder und immer wieder sagte, dass man nur vergessen habe, mich kleinerweise totzuschlagen, weil ich zu nichts nütze sei. Durch meine Vorfahren lagen Segen und Fluch auf meinem Leben. Heute, nachdem mir dies alles offenbar ist, kann ich mich selber und mein Leben viel besser verstehen. Daraus ist eine große Dankbarkeit zu Gott entstanden, weil ich dadurch die Befreiung von dem Fluch meiner Mutter erfuhr.

Wenn wir für unsere Kinder und Enkel Gutes wollen, dann sollten wir als Eltern und Großeltern unser persönliches Leben vor Gott in Ordnung bringen. Jahrzehnte nach dem Zweiten Weltkrieg gehen heute unsere Kinder und Enkel beim „Marsch des Lebens" auf die Straße und auf die Knie und bitten um Vergebung für uns, ihre Vorfahren. Wir haben gottlos gelebt, bezahlen aber treu unsere Kirchensteuer. Welche Heuchelei! Die jungen Menschen sorgen selber für die Loslösung von der sündigen

Vergangenheit ihrer Vorfahren, weil ihre Eltern und Großeltern nicht ihre eigenen Sünden bei Gott bekennen, damit ihnen vergeben wird. Und da wundern wir uns, weshalb wir eine so orientierungslose junge Generation haben! Es ist so wertvoll, dass die jungen Menschen Buße tun. Damit kommt Segen bis ins tausendste Glied in ihr Leben.

Aber was ist mit den vierzig Jahren der deutschen Teilung? Wann wollen wir die aufarbeiten? Oder wollen wir wieder warten, bis unsere Enkelkinder unsere Sünden vor Gott bekennen? Wenn wir Gutes für sie wollen, Segen in ihrem Leben wollen, dann müssen wir unser Leben selber vor Gott in Ordnung bringen. Wenn wir ein gutes Erbe an unsere Kinder weitergeben wollen, dann sollten wir nicht nur nach den materiellen Werten schauen. Segen oder Fluch der Vorfahren bestimmen die Zukunft unserer Kinder weit mehr als alles Gut und Geld. Das ist jedenfalls meine persönliche Erfahrung. Das sehe ich besonders bei meiner Tochter. Nach all diesen schweren Jahren ihrer Kindheit und Jugend hat sie heute eine glückliche Familie und eine entzückende Tochter. Ihr Leben ist einfach gesegnet. Das Alte ist vergangen, Neues ist geworden.

Ich reichte also wirklich die Scheidung ein. Als ich mich dazu entschieden hatte, rief ich in der Klinik den verantwortlichen Arzt an, der mich so eindringlich zur Scheidung gedrängt hatte, und berichtete ihm von meiner Entscheidung. Er sagte: „Dann haben wir unser Ziel ja erreicht" und legte den Hörer auf.

Da ich bis dahin noch nie etwas mit der Justiz zu tun hatte, folgte ich der Empfehlung meiner so gut informierten Kollegin. Ich musste nicht erst Tage warten, bis ich einen Termin bei dem Anwalt bekam. Ich konnte sofort kommen. Statt mich zu wundern, weshalb das so schnell möglich war, und es mal zu hinterfragen, freute ich mich darüber. Ich bat den Anwalt darum, dass mein Mann die Scheidungsklage nicht zu seinem Geburtstag bekommen sollte. Er bekam sie aber dennoch zu seinem Geburtstag. Ich erwähnte ja schon: Man hat nichts Negatives ausgelassen. Alles, was an Scheußlichkeiten möglich war, tat man nicht nur mir, sondern auch meinem Mann an. Ich habe ihn niemals gehasst, was auch immer in den letzten Monaten vor unserer Scheidung geschehen war. Er war auch nur das Opfer der Diktatur in der DDR. Genau wie ich blieb er in all den Vorkommnissen nicht fehlerfrei. Einmal sagte ich zu ihm: „Wir sind keine wilden Tiere, dass wir uns bekämpfen müssen." Er wusste von mir, weshalb ich die Scheidung eingereicht hatte.

Am Tag vor der Gerichtsverhandlung meinte mein Vater, ich solle vierblättrige Kleeblätter suchen, weil sie Glück bringen würden. Er war ein sehr abergläubischer Mann. Er redete so intensiv auf mich ein, dass ich tatsächlich sehr lange über die Wiesen lief, um vierblättrige Kleeblätter zu finden. Abgesehen davon, dass Kleeblätter kein Glück oder Unglück hervorbringen können, es sei denn, man glaubt an okkulte Mächte, fragte ich mich, was mich bei der Scheidung, die weder mein Mann noch ich wirklich wollten, hätte glücklich machen sollen.

Die Gerichtsverhandlung dauerte nur wenige Minuten. Als man meinem Mann einige Fragen gestellt hatte, verließ er den Gerichtssaal, ohne ein Wort zu sagen. Er verließ einfach die Verhandlung. Ich wünschte ihm schnell alles Gute. Es ist fraglich, ob er das noch gehört hat. Das war im August 1987.

Seit ich Christin bin, bete ich für ihn. Ich hatte außer

ihm nie einen anderen Mann in meinem Leben. Auch nach meiner Ehe habe ich mich nie auf eine andere Beziehung eingelassen. Darüber bin ich heute sehr froh, ist mir doch viel Herzeleid erspart geblieben. Auch wenn wir bei unserer Hochzeit keine Christen waren, so sind wir doch vor Gott ein Fleisch, haben uns geliebt und vermehrt, ganz wie es Gott in der Bibel uns Menschen gesagt hat. Das Wort Gottes ist für jeden Menschen gültig, egal ob er es gelesen hat und glaubt oder nicht. Ich bete darum, dass auch mein Mann zum Glauben an Jesus Christus kommt, damit wir im Himmel wieder eine Familie sind.

Die Verhandlung dauerte gerade mal zwanzig Minuten. Was wir uns in zehn Jahren gemeinsamen Weges aufgebaut hatten, fiel in wenigen Minuten wie ein Kartenhaus zusammen. Unsere Familie war ein Trümmerhaufen. Alles, was uns einmal wertvoll gewesen war, hatte sich in nichts aufgelöst.

Bis zum Spätherbst 1987 war ich zu Hause und lernte die Härte kennen, mit meinem geschiedenen Mann in einer Wohnung zu leben. Ich war psychisch überhaupt nicht mehr belastungsfähig. Die Situation mit meinem geschiedenen Mann in einer Wohnung war außerordentlich großer Stress für mich, was ich nicht verkraftete. Ich bekam mehrmals psychische Anfälle und wurde bewusstlos. Eines Tages, als ich gerade meine Eltern besuchte, bekam ich wieder solch einen Anfall, in ihrer Wohnung. Meine Mutter rief den Notarzt. Die Rettungskräfte kamen, als ich schon wieder bei Bewusstsein war. Ich bekam wie jedes Mal eine Spritze, die mich für Stunden in einen Tiefschlaf versetzte. So merkte ich nicht, dass man mich mit dem Krankenwagen mitnahm.

Als ich aufwachte, war ich völlig unter einer Fixierdecke

angeschnallt, jedes Bein war oberhalb des Fußgelenkes mit Ledermanschetten festgeschnallt. Die Fixierdecke, die bis unter die Arme reichte, bewirkte, dass ich die Beine auch nicht ein bisschen bewegen konnte. Die Arme waren mit den Handflächen nach oben auf der Fixierdecke ebenfalls mit einer Ledermanschette festgeschnallt. So war es möglich, jederzeit in die Vene zu spritzen. Das Einzige, was ich hätte tun können, war sprechen, rufen oder schreien. Ich schwieg besser, bis die Chefärztin an mein Bett kam. Ich kannte sie. In meiner Verantwortung für pflegebedürftige alte Menschen beim Rat des Kreises hatte ich öfters mit ihr zu tun gehabt. Ich brauchte ihre Unterstützung, damit ich alte Menschen, die stark dement waren und nicht mehr allein zu Hause sein konnten, in dieser Klinik unterbringen konnte. Dafür war sie als Chefärztin verantwortlich. So kannten wir uns auf dienstlicher Ebene.

Nun stand sie an meinem Bett und sagte: „Na, Sie kenne ich aber auch anders." Den Tonfall habe ich heute noch im Ohr, so erniedrigend und abwertend war das. Ich kam mir nicht nur ausgeliefert und wehrlos vor, ich war es auch.

Ich fragte, wo ich sei. Normalerweise hätte ich das wissen müssen, da ich die Ärztin kannte, aber ich war durch die Medikamente so verwirrt, dass ich es eben nicht mehr wusste. Sie sagte es mir nicht, sondern beteuerte nur: „Es wird Ihnen in einiger Zeit wesentlich besser hier gehen, wenn Sie kooperativ sind und machen, was wir Ihnen sagen."

„Können Sie bitte diese Schnallen abmachen? Mir tut das weh und ich möchte auf Toilette gehen", bat ich sie. Sie verneinte, es müsse alles so bleiben, wie es war. Das sei das Beste für mich.

Dann bekam ich eine Spritze und schlief wieder. Auf diese Weise hatte ich kein Zeitempfinden mehr. Einen

Kalender gab es nicht im Zimmer. Von Zeit zu Zeit wurde ich abgeschnallt und durfte auf der Bettkante sitzen. Mir wurde regelmäßig schwindlig und die Gelenke taten weh, wenn ich sie bewegen wollte. Ich bekam Medikamente. Ich wusste nicht weshalb und wollte sie auch nicht nehmen. Man zwang mich mit verschiedenen Methoden. Nicht selten machte man mir den Mund gewaltsam auf und schüttete etwas hinein, oder man gab mir wieder eine Spritze mit dem berühmt-berüchtigten Cocktail, was dazu führte, dass ich wieder viele Stunden schlief. Es kam die Zeit, wo ich jedes Mal, wenn ich wach wurde, meine Entlassung verlangte, weil ich mich um meine Tochter kümmern wollte. Man hatte ja inzwischen mit mir Gespräche geführt, wo man mir erklärte, dass meine Tochter im Kinderheim war und ich es in der Hand hätte, dass sie dort rauskommen könnte. Wenn ich sie zur Adoption freigab, hätte sie wieder ein schönes Zuhause. Ich wurde fast verrückt deshalb. Oder war ich es schon? Man hielt mich gegen meinen Willen fest und hinderte mich daran, für mein Kind zu sorgen, wie ich es selbstverständlich die ganzen Jahre getan hatte. Es war unerträglich.

Ich hatte nur noch eines im Sinn: „Ich will hier raus und zu meinem Kind!"

Ich muss einen ziemlichen Realitätsverlust gehabt haben. Jede nur denkbare oder eben undenkbare Situation nutzte ich, um zu irgendeinem Ausgang dieser Station zu kommen. Selbst den Versuch, durch ein verschlossenes Fenster zu steigen, habe ich unternommen.

Ich kann über diese Zeit nicht objektiv berichten. Aber heute denke ich, dass ich zu diesem Zeitpunkt ganz sicher schutzbedürftig war. Ich hatte meine Sinne wohl nicht mehr beisammen. Alles, was ich wollte, war rauszukommen, um jeden Preis, unter allen Umständen. Um fast jeden Preis. Meine Tochter hätte ich für nichts auf der Welt hergegeben. Man hätte mich umbringen müssen, dann hätten sie meine Tochter gehabt. Sonst nicht. Bei einem der Gespräche sagte ich dies auch. Aber ich glaube, sie nahmen das nicht ernst. Oder doch?

Erstaunlicherweise durfte meine Mutter mich besuchen. Normalerweise war das für ein Krankenhaus nicht ungewöhnlich. Aber ich war ja nicht in einem „normalen Krankenhaus". Durch meine Mutter erfuhr ich, wo ich war und wie lange ich schon dort war. Mir war das wichtig zu wissen, auch wenn das an meiner Situation nichts änderte. Meine Mutter sagte wohl jedes Mal, dass es bei uns fürchterlich nach Urin riechen würde. Der Grund dafür lag auf der Hand. Es wurde meines Wissens nach nie ein Fenster geöffnet. Wie überhaupt mal gelüftet wurde, weiß ich nicht.

Nach einigen Wochen kannte ich noch einen anderen Grund. Ich wurde in ein anderes Zimmer verlegt. Einerseits war ich dadurch nicht ständig hinter einer Fensterscheibe unter Beobachtung und konnte auf die Toilette gehen, was ein Vorrecht war, wie sich später herausstellen sollte. Andererseits hatte das Bett im anderen Zimmer, in das ich gehen sollte, eine nasse, volluriniert Matratze, wo bis jetzt ein alter Mann dringelegen hatte. Ich weigerte mich, mich in dieses Bett zu legen. Der Pfleger forderte mich energisch auf, sofort in dieses Bett zu gehen. „Ich geh da nicht rein, solange keine saubere Matratze da drin ist!", sagte ich. Patsch, seine Hand landete in meinem Gesicht.

Ich war wie erstarrt und schaute ihn mit großen Augen an. Das hatte ich bisher noch nicht erlebt, dass Patienten geschlagen wurden. Als ich immer noch nicht in dieses Bett ging, wurde ich hineingeprügelt. Dann war ich drin.

Für den Pfleger war die Hauptsache, dass ich im Bett war, egal wie, Hauptsache: drin. Er hatte seinen Auftrag erfüllt.

Wie stand das doch in der Verfassung der DDR? „Die Würde des Menschen ist nicht antastbar." Was gehört zur Würde eines Menschen? Das interessierte in dieser Klinik niemanden.

Solche Dinge verängstigten und schüchterten mich immer mehr ein. Immer häufiger ließ ich alles über mich ergehen und wehrte mich nicht mehr.

Es gab Tage, da waren wir in unseren Zimmern stundenlang eingeschlossen. Wir konnten nicht auf die Toilette gehen. Wer es nicht mehr aushalten konnte, benutzte den Papierkorb. Daraufhin schimpfte man uns „Schweine" und der Papierkorb wurde uns weggenommen. Nun war guter Rat teuer. Ich spare mir aus Gründen der Menschenwürde, hier zu schildern, wie wir unsere Notdurft verrichteten.

Mir wurde zu dieser Zeit ein Medikament verabreicht, bei dem als Nebenwirkung Schwierigkeiten beim Wasserlassen entstehen können. Das geht aus einem Auszug aus dem Krankenblatt hervor, welches ich im Jahr 2007 durch das zuständige Landgericht bekam. Durch dieses Medikament hatte ich extreme Probleme beim Wasserlassen. Also ordnete der Stationsarzt an, dass ich katheterisiert werden sollte, mehrmals täglich. Das wurde in der Regel von Pflegern gemacht. Die Mehrheit des Personals waren Schwestern. Weshalb mussten da die Männer bei den Frauen katheterisieren? Da war ein Pfleger, der sich nicht nur um meine Blasenentleerung bemühte. Er befriedigte sich sexuell an mir. Als ich mich wehrte und nach ihm trat, schnallte er mich am Bett fest, weil ich wieder „gemeingefährlich" sei, und tat seine üblen Dinge mit mir. Drei Wochen ging das so, bis es endlich aufhörte.

Es gab aber auch Tage, wo wir auf dem Flur auf- und abgehen durften. Das waren die Gelegenheiten, wo wir leise flüsternd uns gegenseitig erzählten, weshalb wir hier waren. So begegnete ich einem Pfarrer, Ärzten, die sich der Stasi widersetzt hatten, Frauen, die nicht bereit waren, mit ihren Männer als Spione ins Ausland zu gehen und ihr Kind in ein Kinderheim zu geben, und und und … Die Geschichten ähnelten sich sehr.

Jedes Mal, wenn ich meine Entlassung forderte, drohte man mir an, die Zwangseinweisung am anderen Tag auf dem Tisch zu haben. Und jedes Mal hatte ich davor Angst, weil ich befürchtete, dass ich nach dem Versuch, durch die Fenster nach draußen zu kommen, als selbstschädigend eingestuft werden würde. Also blieb ich freiwillig in der Klinik und hoffte, dadurch eher bzw. überhaupt wieder nach Hause zu können.

Beim Gehen auf dem Flur fiel mir auf, dass an allen Türen ein Schild angebracht war. Etwas völlig Normales in einem Krankenhaus, damit jeder weiß, wozu das jeweilige Zimmer benutzt wurde. Nur an einer Tür stand nichts. Mit diesem Zimmer war etwas unheimlich. Von Zeit zu Zeit wurde ein Patient schlafend im Bett dort reingebracht. Dann gingen ab und zu Schwestern, Pfleger, Ärzte hinein und kamen natürlich auch wieder heraus. Nur den Patienten haben wir auch Tage später nicht wieder gesehen. Ich konnte mehrmals beobachten, wie eine Trage herausgefahren wurde, auf der ein Mensch mit einem Bettlaken abgedeckt lag. Offensichtlich war der Mensch tot. Wen sonst deckt man mit einem Laken ab? Es war nicht ein einziger Patient, der hinterher erzählen konnte, was in diesem „Behandlungszimmer" gemacht wurde. Das war unheimlich.

Jedes Mal, wenn ich daran dachte, dass man auch mich

da hineinbringen könnte und ich da drin sterben würde, bekam ich Herzrasen und Todesangst. Das war die gleiche Angst, wie ich sie hatte, als ich 1968 in Prag während des Prager Frühlings das Maschinengewehr der Russen im Rücken gespürt hatte.

Es kam, wie es kommen musste. Mir wurde gesagt, dass man eine Behandlung mit mir machen wollte, damit mein Hirnrhythmus wieder in Ordnung kommen würde. Somit würde ich als Epileptikerin dann keine Anfälle mehr haben. Ich bekam eine Spritze, schlief ein und wurde wach, als ich völlig am Bett fixiert war, mit Katheter, an Infusionsschläuchen angeschlossen und mit Elektrodrähten an meinem Körper.

Im Zimmer war es immer dunkel, Tageslicht gab es nicht. Wenn jemand vom Personal kam, wurde das Licht angemacht. Die Fixierung wurde gelöst. Dann wurde an den Geräten und Instrumenten hantiert und augenblicklich schoss ein Stromstoß durch mich, verbunden mit extremsten Schmerzen. Ich schrie auf und es hob mich waagerecht über das Bett. Dann muss ich bewusstlos geworden sein. Als ich wieder wach wurde, konnte ich meine Beine nicht mehr spüren. Warum nicht? Was war damit? Waren die gelähmt? Ja. Jedes Mal, wenn man diese Stromstöße wiederholte, konnte ich wieder einen Körperteil nicht mehr bewegen. Mal hatte ich kein Gefühl in den Lippen mehr, mal konnte ich die eine und dann auch die andere Hand nicht mehr heben. Als mir eine Fliege übers Gesicht lief, konnte ich sie nicht wegjagen. Ich wurde auch nicht mehr festgeschnallt. Ich hatte durchweg Schmerzen am ganzen Körper. Mein linker Arm war heiß und brannte wie Feuer.

Ich wurde immer schwächer. Essen? Ich kann mich nicht

erinnern, dass ich in diesem Raum etwas zu essen oder zu trinken bekam. Ich kann mich wirklich nicht mehr daran erinnern. Ich kann mich auch nicht an einen Satz erinnern, den das Personal mir gesagt hätte. Da wurde gehandelt, nicht geredet. Da es in dem Raum immer dunkel war und ich zeitweise bewusstlos war, kann ich bis heute nicht sagen, wie lange ich in diesem „Behandlungszimmer" war. Ich hatte immer mehr das Gefühl, dass der Tag, an dem man mich mit dem Bettlaken abgedeckt rausbringen würde, nicht mehr weit war. Ich hatte den Tod vor Augen. Und ich war völlig allein. Außer denen, die mich in diesem Zimmer misshandelten, habe ich hier keinen Menschen gesehen. Ich wusste noch nicht einmal, dass ich nicht mehr sprechen konnte.

An einem Tag ging die Tür auf, aber so ganz anders als sonst. Das Licht wurde nicht angemacht. Eine kleine Hand fasste nach meinem Arm. Sie fasste mich an und sagte: „Mutti, meine Mutti, ich brauch dich doch!" Meine Tochter war gekommen! Ich konnte sie nicht anfassen, ich konnte sie nicht in den Arm nehmen, ich konnte nicht mal reden und ihr etwas sagen. „Hast du mich nicht mehr lieb?", fragte sie entsetzt. Ich konnte sie nur anschauen, mehr nicht.

Sie schrie auf, rannte auf den Flur und schrie laut: „Was habt ihr mit meiner Mama gemacht?"

Ich hörte nur das Personal rufen: „Wie kommt denn das Kind hierher?" Ich weiß nicht, an welchem Tag das war, und auch nicht, zu welcher Uhrzeit.

Man musste meine Mutter holen, damit sie meine Tochter wieder mitnahm. Als meine Mutter mich in meinem trostlosen Zustand sah, verlor sie die Fassung. Nicht mir gegenüber, nein, nein. Zu mir sagte sie entsetzt: „Was haben die denn mit dir gemacht?" Mein linker Arm war rot und dick. Na, und der Rest an mir war wohl auch kein schöner Anblick mehr.

Meine Mutter teilte dem Personal mit, dass sie Anzeige wegen Körperverletzung erstatten werde. Da bekam ich Angst um meine Mutter. Was, wenn die sie nun auch behielten?

Das taten sie nicht. Meine Mutter erklärte Jacqueline, meiner Tochter, dass ich hier in diesem Krankenhaus sehr krank geworden war und dass Oma dafür sorgen werde, dass es mir bald besser ging und ich wieder nach Hause kommen konnte.

Inzwischen waren einige Verantwortliche auf der Station und in meinem Zimmer und versuchten irgendetwas zu erklären. Meine Mutter wiederholte ihre Absicht, Anzeige zu erstatten, und verlangte, dass man alle Kabel und Infusionen abmachte. Erstaunlicherweise wurde das auch gemacht, zumindest kann ich mich nicht erinnern, dass ich noch an Schläuchen oder Kabeln hing.

Dann holte meine Mutter ein Schälchen Suppe, mit der sie mich fütterte, eine der größten Liebeserweise, die meine Mutter mir je getan hat. Ich konnte nicht reden, nur weinen. Ich konnte wenigstens weinen! Und ich wusste, dass ich vor dem sicheren Tod gerettet worden war. Dank meiner Tochter! Sie hatte mir mit gerade mal neun Jahren mein Leben gerettet!

Aber wie in aller Welt war sie überhaupt in diesen Raum gekommen, in einem Haus, wo alle Türen verschlossen waren, in einem Klinikum mit damals 2.000 Patienten, dazu Mitarbeiterhäusern, Schwesternschule, Küche, Apotheke, Verwaltung, eine große Kirche und vieles mehr? Das Gelände war so groß, dass man für gewöhnlich mit dem Auto fuhr. Wie kam meine Tochter – mehr als 60 km von zu

Hause entfernt – in die Klinik Hubertusburg? Zu dieser Zeit wohnte sie bei ihrer Oma.

Sie erzählte hinterher zu Hause ihrer Oma, dass sie ihre Mama schon so lange nicht mehr gesehen und deshalb große Sehnsucht hatte. Da nahm sie das Geld, mit dem sie eigentlich beim Schuster bezahlen sollte. Sie wusste mit ihren neun Jahren sehr genau, dass sie das niemals tun durfte. Das war Diebstahl. So etwas gab es in unserer Familie nie, niemals. Da wurde nicht gelogen oder gar betrogen und gestohlen. Dennoch kaufte sie für dieses Schustergeld eine Fahrkarte für den Zug, mit entsprechend schlechtem Gewissen. Die Sehnsucht nach Mama war eben ungleich größer als das Gewissen.

Auf dem nächsten Bahnhof fragte sie die Leute in Uniform, wie sie denn zur Klinik komme. Sie müsse unbedingt zu ihrer Mutti. Vor Uniformierten hatte sie keine Angst, ihr Vater war Polizist. Uniform war bei uns zu Hause normal. Die Bahnmitarbeiter brachten sie zum Bus und der Busfahrer nahm sie einfach mit. Dann fragte sie Leute, die mit dem Auto unterwegs waren. So fuhr sie ein Stück per Anhalter. Den Rest konnte sie zu Fuß gehen. Im Klinikum angekommen, sah sie ein Haus, wo Gitter an den Fenstern waren. Sie probierte an der Haustür, die war verschlossen. Dann ging sie um das ganze Haus herum und sah, dass ein Kellerfenster offen stand. Dort krabbelte sie hinein. Da sie ein kleines, zierliches Mädchen war, passte sie hindurch. Sie ging die Kellertreppe hoch und kam auf eine Etage, wo lauter weiße Türen waren. Leute waren keine auf dem Flur. Sie machte einfach eine Tür auf und hatte ihre Mama gefunden!

Menschlich, verstandesmäßig ist das nicht zu erklären, theoretisch war es unmöglich. Wenn nur ich das berichten würde, würde ich alle verstehen, die das anzweifelten.

Aber meine Mutter hat meine geliebte Tochter auf der Station abgeholt. Die beiden, meine Tochter und meine Mutter, haben es mir erzählt und damit meine Zweifel zerstreut. Ich selbst habe einige Tage vermutet, ich hätte Halluzinationen, bildete mir alles nur ein. Aber nein, meine Tochter und meine Mutter bestätigten es.

Es war ein Wunder. Nach unserer menschlichen Denkweise wäre es undenkbar gewesen, dass mich meine Tochter in einem solch großen Klinikum hatte finden können. Außerdem hatte kein Mensch Zutritt zu dieser Station, der nicht zum Personal gehörte.

In der Bibel steht, dass Gott die Herzen der Menschen wie Wasserbäche lenkt. Ja, jeder Bach, jeder Fluss sucht sich seinen Weg, meinen wir Menschen zumindest. Aber in Wahrheit lenkt Gott, der Schöpfer, den Lauf der Bäche und Flüsse. Und so wie er das Wasser lenkt und beherrscht, lenkt er auch den Weg aller Menschen. Auch bei Menschen, die nicht an Jesus glauben, ist es für Gott kein Problem, sie in ihren Gedanken und Gefühlen und so auch in ihrem Handeln zu lenken. Schließlich ist der allmächtige Gott unser aller Schöpfer. So hat Gott auch meine Jacqueline gelenkt. Der Herr Jesus nahm sie persönlich an die Hand und führte sie zu mir. Ich wusste nichts von Gott, von Jesus, schon gar nichts über den Heiligen Geist. Ich hatte noch niemals zuvor den Namen Jesus gehört. Ich kannte Gott nicht, aber er kannte mich. Er ist mein Schöpfer, hat mich in seiner Hand geformt, einen Plan für mein Leben geschrieben.

Ich habe davon nichts gewusst, auch nicht geahnt oder gefühlt. Ich war einfach nur froh und dankbar, dass ich überlebt hatte. Ich kann nicht mal behaupten, dass ich Atheistin gewesen wäre. Ich habe nie darüber nachgedacht, ob es Gott gibt oder nicht. Mir hat auch kein Mensch etwas von Jesus und dem Evangelium erzählt. Leider. Ich war in der schlimmsten Zeit meines Lebens mutterseelenallein.

Keiner kann Gott abschaffen. Man kann falsche Götter, von Menschen ernannt, vom Sockel stoßen. Aber der allmächtige Gott, der sich durch seinen Sohn Jesus Christus offenbart hat, ist unantastbar. Er hat alle Macht, auch über ein kleines Mädchen, das ihre Mama suchte und dank seiner Hilfe fand.

Bevor Jacqueline kam, hatte ich nicht einmal gewusst, ob meine Eltern und meine Tochter erfahren würden, was mit mir geschah, und wenn ich in diesem Raum starb. Dieses Alleinsein war ein seelischer Schmerz, der genauso schlimm war wie die körperlichen Schmerzen.

Heute weiß ich, dass eine solche einsame Situation nie wieder in meinem Leben kommen kann und wird. Damals kannte ich Gott nicht und hatte keine persönliche Beziehung zu Jesus Christus. Ich wusste nichts aus der Bibel, ich konnte auch nicht beten. Ich habe nicht mal gewusst, was beten ist. Diese Worte gab es in meinem Gedanken- und Sprachschatz gar nicht.

Jetzt bin ich ein Kind Gottes und habe eine persönliche Beziehung zu Jesus. Er ist bei mir, alle Tage, an allen Orten, in allen Situationen. Es gibt keinen Ort, keine Zeit, wo ich nicht mit Jesus reden könnte. Wer Jesus in sein Leben einlädt, ist nicht mehr allein, nie mehr, egal was passiert. Deshalb werde ich nie mehr eine solche Einsamkeit erleben wie in dieser Folterkammer.

Die Wochen nach dem Auftauchen meiner Tochter und meiner Mutter waren eine eigenartige Zeit auf dieser Station. Ich hatte ein sauberes Bett, ich hatte wieder meine private Kleidung, die mir meine Mutter gebracht hatte. Ich durfte wieder Besuch bekommen. Mein Vater kam nie, wie immer in meinem Leben. Wenn ich meinen Vater mal gebraucht hätte, war er nicht da. Aber meine Mutter kam. Sie machte mir zwar ständig Vorwürfe, aber sie kam und manchmal brachte sie meine Tochter mit. Und sie brachte mir Geld, frische Kleidung und Dinge, mit denen ich mir die Zeit vertreiben konnte. Leider konnte ich nicht mehr Lesen und Schreiben. Man hatte mir zu viele Hirnzellen zerstört. Mein linker Arm war inzwischen operiert worden. Ich hatte große Narben am Unterarm und die Hand war gelähmt. Das machte mir vieles sehr schwer. Aber mit meinem scheinbar unendlichen Kampfgeist und viel Übung brachte ich es fertig, Wolle in die Hand zu nehmen und zu häkeln. Ich weiß noch heute, dass ich Osterküken gehäkelt habe.

Ja, es war inzwischen Frühjahr 1988. Ich durfte die Station verlassen, wann immer ich wollte. Ich konnte im Park spazieren gehen, wenn die Bewegung auch nur mit Krücken möglich war und mir sehr schwerfiel, weil meine linke Hand nach den Operationen noch nicht verheilt und auch noch gelähmt war. Ich hatte Freiheiten wie sonst kaum einer auf dieser Station. Ich hätte jederzeit weglaufen können. Aber ich wollte jetzt nicht mehr weg. Das Personal war mir gegenüber wie umgewandelt. Ich war noch zu schwach und meine Gedanken waren wohl nur ein Haufen Durcheinander. Realistisch gesehen war ich ein Pflegefall. Das wahre Leben hatte ich völlig aus dem Blick verloren. Ich hatte unendliche Angstzustände. Ich kannte ja nicht mal mehr die Adresse meiner Wohnung.

Und dann kam etwas sehr Ernsthaftes dazu. Ich war nun wirklich nicht mehr selbstständig lebensfähig und auf keinen Fall mehr erziehungsfähig. Nun versuchte diese Obrigkeit alles, um mir meine Tochter endgültig wegzunehmen. Ich hätte es nicht mehr verhindern können. Zu diesem Zeitpunkt war mein armer Kopf auch gar nicht mehr fähig, über so etwas nachzudenken.

Gut, dass meine Familie für mich die Dinge in die Hand nahm! Meine Mutter legte mir einen Zettel hin und bat mich, meinen Namen daraufzuschreiben. Das musste sie erst einmal mit mir üben, bis ich es wieder konnte. Es war eine Generalvollmacht, sodass meine Mutter für mich alles bei allen Ämtern regeln konnte. Es galt, meine Entlassung vorzubereiten. Und meine Mutter war dabei sehr aktiv, wofür ich ihr immer dankbar war. Wenn sie sich nicht so dahintergeklemmt hätte – wer weiß, was aus mir geworden wäre.

Eines Tages bekam ich Post von meinem Bruder aus Berlin. Er hatte erfahren, dass man einen Erziehungsrechtsentzug gegen mich plante. Bis zu dem Zeitpunkt konnte ich als erziehungsberechtigte Person den Aufenthaltsort meiner Tochter bestimmen. Hätte man mir das Erziehungsrecht entzogen, weil man mich für erziehungsunfähig erklärt hätte, dann hätte ich keinerlei Möglichkeiten mehr gehabt, Einfluss auf das Leben meiner Tochter zu nehmen.

Mein Bruder schrieb mir in dem Brief von diesem Plan der Behörden. Und es lag ein Vertrag dabei, in dem ich das Erziehungsrecht auf meinen Bruder übertragen würde. Eine solche juristische Möglichkeit gab es in der DDR. Man machte dies vor allem für Studentinnen, die das Erziehungsrecht an Oma und Opa übertragen konnten, die sich während des Studiums um die Säuglinge und Kleinkinder kümmerten. Es konnte ja jederzeit die Situation eintreten, dass für das kleine Kind eine Entscheidung zum Beispiel über eine medizinische Behandlung getroffen werden musste. So konnten Oma und Opa jederzeit im Sinne des Kindes entscheiden, ohne dass jedes Mal die Mutter am Studienort bemüht werden musste. Dieses Gesetz der Erziehungsrechtsübertragung wurde von Familien sehr gern und häufig genutzt. Und genau das schlug mein Bruder mir vor.

Damit hätte ich kein Erziehungsrecht mehr gehabt und die Bemühungen der Behörden wären ins Leere gelaufen. Eine geniale Idee, zumal der Vertrag die Klausel enthielt, dass beide Vertragspartner einseitig jederzeit den Vertrag für gegenstandslos erklären konnten. Für mich war das die Möglichkeit, meine Tochter wieder zu mir zu nehmen, sobald ich gesundheitlich wieder in der Lage dazu wäre. Und für meinen Bruder und seine Familie war es auch gut, dass die Zeit, in der sie mit meiner Tochter drei Kinder zu Hause haben würden, begrenzt war. Für meine Tochter bedeutete es die Sicherheit, dass ihre Mutti nicht verloren ging.

Für meine Eltern würde es eine große Entlastung bedeuten, wenn meine Tochter für einige Zeit in Berlin wäre. Mein Vater hatte inzwischen seinen dritten Herzinfarkt gehabt und wir waren froh, dass er überhaupt noch lebte. Er brauchte viel Ruhe. Da war es sehr ungünstig, dass meine Tochter noch mit im Haushalt lebte. Dazu die Aufregung durch alles, was mit mir passiert war. Das tat ihm wirklich nicht gut.

Ich unterschrieb umgehend den Vertrag, steckte ihn in den frankierten Rückumschlag, den mein Bruder beigelegt hatte, und gab das Schreiben einem Patienten, der direkt zur Post im Dorf gehen konnte, damit der Brief nicht noch einmal in der Klinik in Personalhände geriet, wo er verschwinden könnte. Denn das hatten wir Patienten auch schon mitbekommen, dass Beschwerden und Amtshilfeersuchen nie angekommen waren.

Der Brief erreichte tatsächlich meinen Bruder.

Meine Tochter, damals im dritten Schuljahr, hatte schon einmal in den Ferien die Familie meines Bruders besucht, und es hatte ihr riesig gut gefallen. Dass sie nun für längere Zeit dort bleiben würde, durfte sie erst am Vorabend der Abfahrt erfahren, damit sie es in der Schule oder anderswo niemandem erzählen konnte. Es durfte von Amts wegen nicht zu einer einstweiligen Verfügung kommen, dann hätten wir keine Chance mehr gehabt.

Es klappte! Vorher, bei der letzten Gelegenheit vor der Abreise, brachte meine Mutter Jacqueline noch einmal mit zur Klinik. Noch einmal mein Kind küssen, es streicheln und nichts, aber auch gar nichts darüber sagen, dass wir uns für lange Zeit nicht mehr sehen würden. Es war für mich sehr schwer. Der Besuch war für mich gefühlt sehr kurz. Heute denke ich, dass meine Mutter das richtig gemacht hatte. Die Belastung für meine Tochter war ohnehin schon viel zu viel für eine Kinderseele. Es tat ihr nie gut, in diese Klinik zu kommen und die vielen kranken Leute da herumlaufen zu sehen.

Für eineinhalb Jahre war sie dann bei meinem Bruder in Berlin. Das war zwar keine perfekte Lösung, aber die beste, die wir hatten. Meine Tochter konnte in einer guten Familie sein und hatte Geschwister, die nur wenig älter waren als sie.

Mir ist bis heute nicht ganz klar, welche Erinnerungen bei meiner Tochter überwiegen. Es soll ihr Geheimnis bleiben, wenn sie es möchte. Ich bin jedenfalls froh, dass meiner Tochter bis zu diesem Zeitpunkt ein Kinderheim erspart blieb.

Es kam der 6. Mai 1988, der Tag meiner Entlassung. Einst hatte man mich relativ gesund in diese Klinik gebracht und gehbehindert, mit einer gelähmten Hand und unfähig zum Lesen und Schreiben – hilflos, nicht eigenständig lebensfähig – wurde ich nun entlassen.

Aber ich lebte!

Rückkehr unerwünscht

Als ich aus dieser Klinik entlassen wurde, gab man mir weder meinen Personalausweis noch meine persönliche Kleidung zurück, die man mir bei meiner Einweisung abgenommen hatte. Meinen Personalausweis hatte man mir am ersten Tag in der Klinik mit der Begründung abgenommen: „Den brauchen Sie hier nicht mehr." Der Versicherungsausweis war auch nicht mehr da.

Ich wurde nach Hause gefahren, in meine Wohnung gebracht und – und nichts weiter. Keinerlei Hinweise, wie es für mich nun weitergehen sollte. Ich hatte keinen Krankenschein, keinen Arztbericht, nichts.

So saß ich also in der fünften Etage im Plattenbau. Ich konnte froh sein, dass ich diese Wohnung überhaupt noch hatte. Sie war zum großen Teil leer geräumt. Mein Mann und ich waren das Jahr zuvor ja gezwungenermaßen geschieden worden. Er hatte inzwischen eine eigene Wohnung und hatte einen Teil der Möbel mitgenommen. Offensichtlich hatte jemand all meine persönlichen Sachen durchwühlt und sich genommen, was er meinte zu brauchen. Es war in der DDR durchaus möglich, dass bestimmte Behörden in Wohnungen gingen – ohne Durchsuchungsbefehl. Eine Zeit lang ärgerte ich mich darüber, aber ich habe diese alten Unterlagen nie mehr gebraucht. Schlussendlich ist es wichtig, was wir mit den einst erworbenen Fähigkeiten und dem Wissen leisten können.

Die ersten Tage unterstützte mich meine Mutter. Sogar mein Vater kam einmal, um für mich einzukaufen und mir zu helfen. Schnell besorgten meine Eltern mir eine Waschmaschine. Ich hatte ja kein Geld und so war ich meinen Eltern sehr dankbar dafür.

Meine Mutter brachte mich zu einem Arzt, der mich begutachten sollte. Sie fuhr mich im Rollstuhl ins Arztzimmer. Meine gelähmte linke Hand hing wie ein Kuhschwanz leblos nach unten. Mein kranker Blick dazu, da war wohl für den Arzt alles klar. Er untersuchte mich überhaupt nicht, fragte nichts. Er nahm nur den Telefonhörer und sagte: „Die Frau bekommt mindestens 90%." Zum ersten Mal hörte ich sagen: „Von der Frau gibt es keine Akten." Er sprach mit der Rentenstelle. So wurde ich am 1. Juni 1988 Rentnerin, Invalidenrentnerin. Ich war dreiunddreißig Jahre alt und nie wieder arbeitsfähig.

Nach einigen Monaten bekam ich einen Leichtbehinderten-Ausweis mit 25%, als Rollstuhlfahrerin mit gelähmter Hand. Meine Schwiegermutter hatte mal Gallensteine und wurde operiert. Danach war sie zu 50% schwerbehindert. Ein Schwerbehinderter in der DDR bekam drei Tage mehr Urlaub, das war für „besonders verdienstvolle Genossen" wichtig. Meine Schwiegermutter war Mitglied der SED-Kreisleitung und Mitarbeiterin bei der Staatssicherheit, also „besonders". Diese immer wiederkehrenden Ungerechtigkeiten! Mir diesen Schwerbehinderten-Ausweis zu verweigern, davon hatte niemand Vor- oder Nachteile. Aber ungeliebten Bürgern machte man es in der DDR so schwer wie möglich. Wo immer es nur ging, wurde diskriminiert und benachteiligt und es wurden üble Dinge gesagt.

Dann musste ich zur Einwohnermeldestelle, um mich als Einwohnerin wieder anzumelden, da ich ja überall gestrichen war. Natürlich musste ich meinen Personalausweis vorlegen. Ich musste ja meine Identität nachweisen. Und – natürlich – hatte ich keinen. Der war ja noch in der Klinik Hubertusburg, vielleicht auch nicht.
Da ich keinen Ausweis vorlegen konnte, wurde ich heftig kritisiert und weggeschickt. Man glaubte mir einfach nicht.
Jedes Mal, wenn ich so runtergemacht wurde, fing ich an zu weinen. Man nahm mich nirgends mehr ernst. Ich bekam Angst, mich überhaupt noch bei einer Behörde zu melden. Aber was sollten die Behördenmitarbeiter auch tun? Mein Name war ja nirgends mehr registriert. Rein verwaltungstechnisch hatte es mich nie gegeben. Und dennoch stand ich leibhaftig da. Das war eine echt verzwickte Situation für alle, für die Mitarbeiter und für mich auch.
Diese Probleme erlebte ich ebenso bei der Kranken- und Sozialversicherung. Da wollte man mir keine Rente auszahlen, weil ich meine Identität nicht nachweisen konnte. Auf der Bank konnte ich kein Geld von meinem neuen Konto holen, was meine Mutter vorsorglich für mich eröffnet hatte, damit mir überhaupt Geld überwiesen werden konnte. Wir hatten festgestellt, dass mir seit Monaten kein Krankengeld mehr überwiesen worden war. Mein altes Konto galt als aufgelöst. Wieder ein kleiner Hinweis, dass man meine Rückkehr aus der Psychiatrie ins alltägliche Leben vermutlich nicht gewollt hatte.

Mein Vermieter verlangte, dass ich aus der Wohnung auszog, obwohl mir vom Gericht die Wohnung nach der Scheidung zugesprochen worden war.

Immer wieder gab man mir Formulare, die ich ausfüllen sollte – und ich konnte nicht lesen und schreiben. In dieser Zeit spürte ich, wie es Analphabeten geht. Es ist wirklich schlimm.

Ich existierte einfach nicht mehr. Immer wieder diese Fragen: „Wie heißen Sie? Wo wohnen Sie? Sind Sie wirklich aus dieser Stadt hier?" Das war wie im falschen Film. Mich hatte es nicht gegeben. In dieser Zeit erfuhr ich, was es für ein Vorrecht ist, einen gültigen Personalausweis zu haben. Ohne den kann man bei Behörden wirklich hilflos sein.

Das Einzige, was meiner Mutter noch einfiel, wie wir meine Identität nachweisen konnten, damit ich endlich neue Ausweise bekam, war das Familienbuch meiner Eltern. Dort waren ja auch alle Kinder eingetragen, die meine Mutter geboren hatte. So gingen wir zum Notar und meine Mutter erklärte an Eides statt, dass ich ihre Tochter bin. Daraufhin bekam ich wieder einen Personalausweis, Versicherungsausweis und Zugang zu meinem Konto. Mit meinem Ausweis und dem Familienbuch konnte ich dann zum Standesamt und bekam eine neue Geburtsurkunde. Das Familienbuch meiner eigenen Familie hatte meine Mutter vorsorglich zu sich genommen. Aber das hatte mir nichts geholfen, denn ich konnte ja bis zu diesem Zeitpunkt niemandem nachweisen, dass ich diese Karin Bulland war.

Es war ein wahrer Hürdenlauf durch die Behördenwelt der DDR.

Meine Mutter war auch in dieser Zeit wie immer – barsch und lieblos. So oft herrschte sie mich an, ich solle mir mal endlich ein bisschen Mühe geben, dann könnte ich auch wieder lesen und schreiben. Das tat weh, zumal ich ja von großen psychischen Problemen wie Angstzuständen, Albträumen, Schlaflosigkeit und Flashbacks geplagt war. Aber ich war auf sie angewiesen, damit sie mir all dieses Papierzeug ausfüllte und bei so manchem Amt ein gutes Wort für mich einlegte.

Dann passierte etwas, womit ich nie gerechnet hätte.

Mein Vater und meine Mutter kamen zu mir in die Wohnung, um mit mir ernsthaft, wie sie meinten, zu reden. Das verhieß nichts Gutes. Mein Vater fing an und fragte mich, ob ich wüsste, wie viel Ärger meine Eltern gehabt hatten durch das, was ich da angerichtet hätte. Ich fragte, was ich denn angerichtet hätte, was ihnen Ärger gemacht habe. Ich bedankte mich nochmals, dass sie sich so lange um meine Tochter gekümmert hatten, und sagte ihnen, wie gut es war, dass Jacqueline nun in Berlin sein konnte. Aber was sollte ich denn gemacht haben?

Was meine Mutter mir damals antwortete, werde ich niemals vergessen. „Warum musstest du dich hier in unserem Staat so weit raushängen? Du hast doch genau gewusst, was los ist. Du mit deinem Frieden und deiner Gerechtigkeit. Du hast so viel Elend über uns alle gebracht! Die ganze Familie hast du zerstört. Deinem Kind hast du die Kindheit geraubt. Deine Familie hast du kaputt gemacht. Warum musstest du dich so weit raushängen? Konntest du nicht den Mund halten? Immer wieder mussten wir der Stasi Fragen beantworten. Vater ist deinetwegen so schwer herzkrank geworden. Wir haben es satt mit dir. Wir wollen dir heute mitteilen, dass wir dich aus der Familie ausgeschlossen haben. Wir haben nur noch zwei Söhne. Ab heute existierst du für uns nicht mehr. Mach's gut und bessere dich!!!"

Damit standen meine Eltern auf und verließen die Wohnung.

Das war im Sommer 1988. Ich habe meine Mutter nie wieder gesehen. Als sie 1990 nach einem Verkehrsunfall starb, sagte es mir niemand. Ich hatte etwa zwanzig Verwandte in der Stadt, aber keiner kam und sagte mir, dass meine Mutter gestorben war. Ich durfte sie nicht mal beerdigen. Dass sie gestorben war, erfuhr ich durch das staatliche Notariat, das mir die Testamentseröffnung mitteilte. Ich war enterbt worden. Aber was sind schon materielle Dinge in dieser Welt wirklich wert?! Vielleicht versüßt uns Geld ein bisschen das Leben, aber mehr noch verdirbt es unseren Charakter. Besser ist es, man lernt, mit dem zufrieden zu sein, was man hat.

Jetzt musste ich noch einmal erfahren, was mutterseelenallein sein bedeutete, in der ganzen Härte. Weder vorher noch nachher habe ich eine größere Ablehnung erfahren. Was meine Eltern mir da antaten, war seelische Grausamkeit. Umso mehr staune ich, dass ich heute über meine Eltern nur gute und dankbare Gedanken habe. Das ist für mich ein echtes Wunder. Es ist die Folge, wenn man die Kraft der Vergebung kennengelernt hat. Vergebung ist das Geheimnis von innerem Frieden und Zufriedenheit.

Heute weiß ich: Tatsächlich kann ich mich so sehr und so lange über andere Menschen ärgern, bis es in mir nur noch finster ist. Leicht mache ich dann andere Menschen dafür verantwortlich. Das ist aber nicht richtig. Wir sind für unser seelisches Wohlbefinden selbst verantwortlich. Wir haben von Gott die Fähigkeit bekommen, uns zu entscheiden. Gott hat uns gesagt, dass wir den Menschen vergeben sollen, die uns Schaden zugefügt haben. Wenn ich vergebe, dann werde ich merken, wie der Kummer von mir weicht und innerer Frieden mich erfüllt. Sicher kostet das einige Überwindung, weil mein innerer Schweinehund meint, der andere müsste sich entschuldigen. Wenn man mag, dann kann man ja warten, bis der andere einsieht, dass er an einem schuldig geworden ist. Und wenn er es nie einsieht? Soll ich mich den Rest meines Lebens schwarzärgern? Es ist mein Leben, ich muss es leben und aushalten. Den anderen interessiert das in aller Regel herzlich wenig.

Die Post vom Notar mit der Nachricht vom Tod meiner Mutter kam einen Tag vor dem Geburtstag meiner Tochter. Ich hielt das seelisch nicht mehr aus, wusste nicht mehr, wie es weitergehen sollte. Ich nahm alle Tabletten, die ich hatte, und hoffte, endlich sterben zu können. Dabei dachte ich weder an meine Tochter noch an die Konsequenzen, die es haben könnte, wenn ich nicht sterben sollte. Ich konnte gar nicht mehr denken.

Aber ich wurde in meiner Wohnung gefunden und wachte im Krankenhaus wieder auf. Als ich merkte, wo ich war, stand ich sofort auf, nahm meine Sachen, zog mich an und verließ das Krankenhaus, ohne dass mich noch jemand vom Personal zu Gesicht bekam. Ich hatte panische Angst. Schließlich war das Krankenhaus für mich ein Ort, wo man versucht hatte, mich umzubringen. Ärzte waren für mich nur noch Monster, die Menschen umbrachten. Ein weißer Kittel ließ mich entweder vor Angst erstarren oder in Panik wegrennen. Ich war durch die traumatischen Erlebnisse in der Psychiatrie so verhaltensgestört, dass niemand mehr von mir ein „normales" Verhalten erwarten konnte.

Als ich aus der psychiatrischen Klinik entlassen worden

war, hatte ich achtunddreißig Kilogramm gewogen. Das war wirklich grenzwertig wenig. Aber ich rauchte wie ein Schornstein täglich vierzig Zigaretten. Und dann fing ich an, mir Alkohol zu kaufen, Schnaps. Ich fing an, mich täglich vor dem Schlafengehen zu betrinken, damit ich keine Albträume mehr hätte. An meinen normalen Menschenverstand konnte keiner appellieren, ich war für keinen Menschen mehr erreichbar. Ich war mit der Menschheit fertig. Jede Behörde hatte mich abgekanzelt. Ich wurde nirgendwo ernst genommen. Ich wollte die Menschen nicht mehr. Das Drama mit meinen Eltern, der Tod meiner Mutter, mein Mann weg, mein Kind weg, ich ein Krüppel – was sollte ich noch in dieser grausamen Welt?

Das einzige „Angebot", was man mir medizinischerseits machte, war, als Dauerpatientin in die Psychiatrie zurückzugehen! Das muss man sich mal vorstellen: Bei allem, was mir dort widerfahren war, hatte man mir ernsthaft vorgeschlagen, für immer dahin zurückzugehen!

Nein, ich wollte nicht mehr, ich konnte nicht mehr. Ich hatte keinen Mut und keinen Lebenswillen mehr.

Da ich zum Geburtstag meiner Tochter nicht ins Kinderheim kam, wo sie inzwischen war, erzählte man ihr: „Die Mutti will dich nicht mehr haben, weil du so böse bist!" Das war 1990, nach der Maueröffnung, wenige Wochen vor der Wiedervereinigung! Da fanden solche Dinge noch immer statt. Meine Tochter magerte von Woche zu Woche mehr ab, sprach nicht mehr, zog sich völlig zurück. Auch sie war körperlich und seelisch ein Wrack geworden.

Auch nach meiner Rettung sah ich in meiner Situation keinen Weg mehr für mich in dieser Welt. Ich hatte endlos körperliche und seelische Schmerzen und fand keinen

Trost. Ich war so schon von den Menschen verstoßen und verlassen worden. Und dann auch noch von meinen Eltern! Das hatte mir jede Hoffnung genommen, es noch einmal zu schaffen, ins Leben zurückzufinden. Wäre ich in die Psychiatrie zurückgegangen, wäre ich mit Sicherheit bald gestorben. Nein, dann wollte ich es selbst tun. In der Welt hatte ich keine Hoffnung auf ein Ende meiner trostlosen Situation. Aber wenn ich endlich tot war und alles aus und vorbei wäre, so dachte ich, dann hätte ich wenigstens für immer meine Ruhe. Das gab mir Hoffnung auf ein Ende meiner notvollen Lage. Der Gedanke an den Tod gab mir Hoffnung. Das ist sicher eine sehr seltsame Hoffnung, aber es ist eine Hoffnung.

Nun war der erste Suizidversuch nicht gelungen. Meine Hoffnung war enttäuscht worden. Aber nur für einige Wochen oder Monate. Dann machte ich den nächsten Versuch. Wieder nichts, ich lebte immer noch. Inzwischen wurde es mein Ziel, mich endlich selbst zu töten. Und jedes Mal, wenn ich merkte, dass ich immer noch lebte, schwand meine Hoffnung auf das Ende meines Elends ein bisschen mehr. Ich habe die Suizidversuche nicht gezählt und kann mich auch nicht an alle erinnern. Es waren viele und jeder Versuch war einer zu viel.

Leben konnte ich nicht mehr. Sterben konnte ich auch nicht. Ich hatte nichts Schlimmeres erlebt als die Unfähigkeit zum Leben *und* zum Sterben. Es sind unendlich schlimme Gefühle der Verzweiflung, wenn man in das Leben, das man nicht mehr ausgehalten hat, wieder zurückmuss. Da gibt es keine Hoffnung auf Besserung, aber auch kein Entkommen aus der Ausweglosigkeit. Das ist wirklich schlimm. Solche Menschen brauchen maximale Hilfe. Ich war für Menschen nicht erreichbar, also konnte mir keiner helfen. Als man mich in einer geschützten Werkstatt unterbringen wollte, versteckte ich mich in meiner Wohnung, damit mich keiner dahin bringen konnte. Ich war psychisch schwer krank und nicht eigenständig lebensfähig. Und das etwa zwei Jahre nach meiner Entlassung aus der Psychiatrie. Es war wirklich ein elendes Dasein.

Als ich später, im Jahr 2012, mit der „Gesellschaft für Ethik in der Psychiatrie" Kontakt bekam, erfuhr ich, dass ich bei Weitem kein Einzelfall war. Was hinter den Mauern der psychiatrischen Kliniken wirklich passierte, wussten die Menschen in der DDR nicht, und die meisten wissen es bis heute nicht. Unliebsame Bürger hat man versucht, ins Gefängnis zu stecken. Wenn man aber keinen Grund dafür fand, erklärte man die Leute eben für psychisch krank. Das war nicht nur in der DDR so, sondern in allen kommunistischen Ostblockstaaten. Immer wieder wurden Krankenakten gefunden, wo stand, dass diese „politischen Patienten" eine Schizophrenie hätten. Man fand sogar die Diagnose „Schizophrenie ohne Symptome".

Im November 2015 kam es zu einer wahren Sensation. Nach mehr als siebenundzwanzig Jahren fand man meine Krankenakte in der Klinik Hubertusburg. Mithilfe meines Arztes bekam ich Kontakt zu dem jetzigen Chefarzt dieser Klinik. Er suchte nach Unterlagen von mir und fand nichts im Archiv, so wie er auch von anderen Patienten der damaligen Zeit oftmals nichts fand. Aber die Berichte der Patienten ähnelten sich. Da kamen auch bei dem Chefarzt Fragen auf. Dann entdeckte er im Archiv eine Tür zu einem kleinen Nebenraum. Da waren Tische und Stühle übereinandergestellt, also ein Abstellraum. Zu seiner Überraschung aber fand er dort einen Stapel Krankenakten. Irgendjemand hatte sie dort abgelegt und vermutlich vergessen mitzunehmen. Es liegt jedenfalls nahe, dass diese Akten vernichtet werden sollten – aber vergessen wurden.

Wer hatte diese meine Akte 2007 in der Hand gehabt? Wer hatte daraus ein Blatt kopiert, was mir vom zuständigen Landgericht Leipzig mit der Unterschrift des Vorsitzenden Richters zugeschickt worden war? Und wer hatte diese Akte dann in den Nebenraum des Archivs gebracht? Für mich ist es deshalb keine Sensation, dass meine Akte existiert. Ich frage mich vielmehr: Wer hatte gewusst, dass und wann ich mit meinem Arzt ein Treffen mit dem Chefarzt in der psychiatrischen Klinik hatte? Wer hatte dafür gesorgt, dass die Akte zu einem bestimmten Zeitpunkt im Nebenraum des Archivs lag? Sie war nicht verstaubt, nach siebenundzwanzig Jahren!

Es ist für mich nicht schwer, diese einzelnen Puzzleteile zusammenzufügen, noch dazu, wo verschiedene Mitarbeiter aus DDR-Zeiten noch heute in dieser Klinik arbeiten. Ich hatte bis dahin wie erwähnt ein Blatt aus meiner Krankenakte bekommen. Im Jahr 2007 hatte ich den Antrag auf Rehabilitation gestellt, bei dem für die Psychiatrie Hubertusburg zuständigen Landgericht. Diesen Antrag gab ich bei einem persönlichen Gespräch dem Vorsitzenden Richter selbst. Er erklärte mir, dass es notwendig sei, Akten von mir zu finden, da niemand ohne Beweise verurteilt werden könne. Unrecht müsse auch bewiesen werden. Deshalb, so meinte er, müsse man mindestens „einen halben Satz" finden, wo steht, „dass die psychiatrische Behandlung zu forcieren sei".

Das konnte ich gut verstehen. Ich bin froh, heute in einem demokratischen Land zu leben, wo man nicht mehr auf Zuruf einfach Menschen wegsperrt und versucht, sie für immer zu „entsorgen".

Da man angeblich keinerlei Akten von mir finden konnte und man deshalb kein Vergehen nachweisen konnte, wurde mein Antrag auf Rehabilitation abgelehnt. Als Nachweis, dass ich tatsächlich krank war und die Einweisung in die Psychiatrie deshalb gerechtfertigt gewesen war, schickte man mir dieses eine Blatt mit, auf dem steht, dass ich eine „schizoide Hysterie" hätte und eine Epilepsie. Also hat man meine Akte auch in der Hand gehabt.

Ich wusste sofort, wie das zu erklären war. Einmal, als man mich wieder fixiert hatte, hatte ich gesagt: „Wenn ich hier mal lebend wieder rauskomme, zeige ich Sie an wegen Körperverletzung." Das war mein „Verfolgungswahn", also die angebliche Schizophrenie. Ein andermal hatte mich die Wut gepackt und ich hatte das Personal angeschrien: „Ich will hier raus!" So wurde mir Hysterie bescheinigt. Dann war es zunehmend öfter passiert, dass meine psychische Kraft nicht mehr reichte, und ich wurde öfters bewusstlos. Da hatte man mir eine Epilepsie bescheinigt und entsprechende Medikamente gegeben.

Aufgrund dieses einen Blattes wandte ich mich telefonisch an das Landgericht mit der Bitte um Einsicht in diese Krankenakte. Ich bekam folgende Antwort: „Alles, was Sie haben können, das haben wir Ihnen geschickt. Bitte verstehen Sie, dass wir als Landgericht noch andere Quellen haben." Welche Quellen gab es denn, wo über mich berichtet wurde? Und weshalb durfte ich das nicht wissen? Es gab offensichtlich immer noch Leute in Amt und Würden, die ein Interesse daran hatten, dass die Verbrechen der DDR-Diktatur nicht aufgearbeitet wurden.

In der nun, im Jahr 2015, aufgetauchten Akte gibt es nicht einen Befund, der diese Epilepsie nachweist. Es ist auch keine Symptombeschreibung für Schizophrenie und Hysterie zu finden. Es gab keinen medizinischen Grund, mich auf eine psychiatrische Station zu bringen, mit Gittern an den Fenstern und verschlossenen Türen, und mich an ein Bett zu fixieren.

Das geht jedenfalls aus der jetzt vorliegenden Akte hervor, laut Aussage des heutigen Chefarztes dieser, „meiner", Klinik. Die Misshandlungen mit Strom und Medikamenten sind allerdings in der Akte nicht zu finden. Vielleicht gibt es das Buch der Verbrechen extra.

Wie erwähnt war ich kein Einzelfall. In dem „Behandlungsraum", wo die massiven Misshandlungen stattgefunden hatten, waren die meisten Patienten gestorben, aber eben nicht alle. Manche waren danach körperlich und geistig so schwer geschädigt, dass sie Pflegefälle wurden. In den 1990er-Jahren starb wohl die letzte Frau in einem Pflegeheim, die man auch mit Strom und Medikamenten misshandelt hatte. Andere waren geistig noch so weit intakt, dass sie wussten, was man mit ihnen gemacht hatte. Zu dieser Personengruppe gehörte ich auch. Aber alle, ausnahmslos alle, die bekannt sind, haben im Laufe der Jahre Selbstmord begangen. So bin ich die vermutlich einzige Überlebende. Bei diesem Gedanken laufen selbst mir Schauer über den Rücken. Warum will man solche Verbrechen nicht aufarbeiten?

Da ich Details von der Misshandlung in dieser Psychiatrie berichten konnte, also Opferwissen habe, zweifelten Fachleute nicht an meinen Berichten und schon gar nicht daran, dass ich es erlebt habe, obwohl ich ja nie einen schriftlichen Nachweis hatte. Im Jahr 2005 wurde ich von einem Internisten untersucht. Er untersuchte mein Herz und fragte mich, ob ich Marathon gelaufen sei. Nein, ich habe keinen intensiven Ausdauersport getrieben, wovon man eine solche Veränderung am Herzen bekommen kann. Der Arzt fragte, ob ich mit Strom in Berührung gekommen sei. Ja gewiss, das war ich.

Ich habe am Körper große Narben von all den Misshandlungen. Der Arzt sagte: „Was ich nicht von außen sehe, das sehe ich von innen." Ich habe an den meisten inneren Organen leichte Schäden. Das hat er bei verschiedenen Untersuchungen festgestellt, und er hat mir entsprechende Medikamente gegeben, die diese Defizite ausgleichen. Eine echte Heilung an den inneren Organen ist bis heute nicht geschehen. Aber ich kann mithilfe der Medikamente gut leben. Das ist für mich sehr wichtig und ich bin dafür dankbar.

Wenn ich Anfang der 1990er-Jahre nur bruchstückhaft anderen Menschen von meinen Erlebnissen in der Psychiatrie erzählte, glaubte man mir nicht recht. Ich konnte ja auch nicht sagen: „Fragen Sie mal diesen oder jenen, der hat das auch erlebt." Es lebte ja keiner mehr von denen, die es erlebt hatten. Meine Tochter sagte damals: „Mutti, wir brauchen keinem zu sagen, was wir erlebt haben, das glaubt uns kein Mensch." Das wusste sie schon mit siebzehn Jahren. Da hatte sie auch schon ihre Erfahrungen gemacht.

Es galt als medizinisch unwahrscheinlich, dass ich psychisch und auch körperlich wieder gesund werden konnte, nach dem, was man mit mir gemacht hatte. Sicher, ich bin auch heute noch zu 90% schwerbehindert, aber ich sitze nicht mehr im Rollstuhl, die Nerventätigkeit meiner ehemals gelähmten Hand ist zu 100% wieder vorhanden. Und psychisch bin ich heute auch wieder in sehr guter Verfassung.

Da ich als unheilbar eingestuft worden war, hatte man mir auch keine Therapien angeboten. Unheilbar – austherapiert – Rentnerin – fertig. Alle Heilung, von der ich berichten werde, geschah ohne irgendeine Therapie. Als ich noch in der DDR eine Physiotherapie haben wollte, sagte man mir: „Sie sind doch nicht umsonst Invalidenrentner. Was wollen Sie denn noch?" Welche Lieblosigkeit und Unbarmherzigkeit! Aber so sind eben viele Kommunisten. Karl Marx sagte einmal: „Ich werde die Menschheit in den Abgrund stürzen und den Zug beschließen" (Karl Marx, „Menschenstolz", aus: Marx/Engels, Gesamtausgabe, I, i (2), 50). Das ist doch Menschenverachtung pur. Das Ergebnis sind dann solche Antworten.

Erst hatte meine Mutter mich noch vor meiner Geburt versucht umzubringen. Dann hatte es der Staat versucht. Und dann hatte ich selbst nicht mehr die geringste Achtung vor mir. Nun wollte ich mich umbringen. Keinem ist es gelungen, mich zu töten, meiner Mutter nicht, dem Staat nicht und mir selbst auch nicht.

Weshalb war das so? Damals, in der Zeit zwischen Sommer 1988 und dem Frühjahr 1991, als ich diese Suizidversuche unternahm, wusste ich noch nicht, dass mich meine Mutter als Baby zu einem Pfarrer gebracht hatte, der mich Gott geweiht hatte. Damit hatte allein Gott die Macht über mein Leben. Und Gott hatte einen Plan für mein Leben. Er wollte, dass ich lebe und nicht sterbe. Gott hatte noch vieles mit mir vor, wovon ich nichts wusste, es nicht im Entferntesten ahnte. Denn ich hatte keine Ahnung davon, dass es einen Gott gibt, der Macht über uns Menschen hat. Meine Götter waren damals, bevor ich Christ wurde, Marx, Engels und Lenin. Denen und dem Bau des Sozialismus hatte ich mein Leben geweiht – und es fast verloren.

Ob wir Menschen an Gott glauben oder nicht, das ändert nichts an der Tatsache, dass Gott unser Schöpfer ist und er alle, aber auch alle Macht hat, über jede Pflanze, jedes Tier und auch über jeden Menschen. Ob wir es wollen oder nicht, wir werden alle vor Gott erscheinen müssen und Rechenschaft über unser Leben auf der Erde geben müssen.

Dann passierte die große politische Sensation: der 9. November 1989. Die Mauer ging auf. Unvorstellbar für mich. Die Faschisten aus dem Westen, die Drogenabhängigen, die ganzen Kriminellen, die Aidskranken, die Ausbeuter – alle würden jetzt in die DDR kommen! Ich hatte große Angst, dass diese Leute alles kaputt machen würden, wofür ich gearbeitet, gekämpft, gelitten hatte und wofür ich fast gestorben wäre. Das konnte doch nicht wahr sein!

Ich war im Sommer 1989 schon der Meinung, dass man die Menschen in der DDR nicht einsperren sollte. „Die raus wollen, sollen doch gehen. Wenn sie die Errungenschaften des Sozialismus nicht zu schätzen wissen, dann raus mit diesen Leuten. Alle, die wollen, raus. Und dann bauen wir die Mauer noch höher und lassen keinen von diesen negativen, dekadenten Elementen (so wurden die angeblichen Staatsfeinde in der DDR genannt, besser: beschimpft) wieder rein. Einmal raus und nie mehr zurück. Die haben es nicht verdient." Das war mein kommunistisches Gedankengut zu dieser Zeit.

So schlimm war die Gehirnwäsche in der DDR. Die kommunistische Denkweise ist absolut menschenverachtend und zerstörerisch. Eine solche Denk- und Verhaltensweise ist nicht nur eine Einstellung oder Meinung. Das ist die Auswirkung des dämonischen kommunistischen, antichristlichen Geistes. Ich sehe das als eine echte dämonische Besessenheit: Wer damit belastet ist, kann nicht einfach mal seine Meinung ändern. Da helfen keine moralischen Vorhaltungen, keine Einsicht in die Notwendigkeit. Es braucht eine echte Befreiung vom Geist des Kommunismus.

Deshalb ist es so wichtig, für Kommunisten zu beten. Es hilft keinem, sie als Verbrecher zu beschimpfen, wenngleich so mancher Verbrechen begangen hat. Aber unter den vom Geist des Kommunismus gebundenen Menschen waren sehr viele, die gute Absichten gehabt hatten, die wirklich anderen Menschen Gutes tun wollten und oftmals auch getan haben. Das sind nicht die Schuldigen an den Verbrechen, die in der DDR passiert sind. Natürlich sind auch sie schuldig geworden, aber ich sehe sie in erster Linie als Verführte. Eine ganze Generation war den verbrecherischen Machenschaften einer Obrigkeit ausgesetzt. Ich möchte deshalb keine Pauschalverurteilungen vornehmen.

Nach der Maueröffnung hatte ich Angst, was die Zukunft bringen würde. Ich konnte mir nicht vorstellen, dass da etwas Gutes werden könnte. Dass die Mauer offen war, sagte mir ein Hausbewohner, der bei der Stasi arbeitete. Er fragte mich, was ich davon hielte. Was ich ihm antwortete, hat sich mir fest eingeprägt: „Freiheit, das ist nicht allein der Fall der Mauer, sondern geistige Freiheit, und die haben wir noch lange nicht." Ich war selbst verblüfft über meine Worte.

Er fragte: „Wie meinst du denn das?"

Ich antwortete: „Das weiß ich selber noch nicht. Wenn

ich es weiß, dann sage ich es dir." Dann gingen wir wieder jeder unseren Weg.

Ich machte das Fernsehen an und sah Bilder, die ich fast nicht glauben konnte. Die Menschen hackten mit Hämmern an der Mauer herum. Jede Menge Menschen standen auf der Mauer. Hätte jemand nur einen Tag vorher versucht, an diese Mauer zu kommen, man hätte ihn erschossen. Nun aber war anscheinend alles möglich. Massen von Menschen strömten nach Westberlin und an andere Grenzübergänge. Solche vor Freude strahlenden Menschen hatte ich in der DDR zuvor noch nicht gesehen. Ich selbst konnte mich zu diesem Zeitpunkt über die Maueröffnung nicht freuen, noch nicht. Ich kämpfte darum, nicht die Fassung zu verlieren. Denn ich hatte richtig Angst vor dem, was da kommen könnte.

Noch immer hatte ich nur eine Hand, mit der ich im Haushalt arbeiten konnte, und genauso für die Körperpflege. Ich konnte weder einen Lappen auswringen noch mir die Schnürsenkel binden. Nur mit viel Mühe konnte ich mir die Hosen selbst zumachen.

Einkaufen war ein riesiges Problem. Ich konnte noch immer nur mit Krücken gehen, was aber auch problematisch ist mit einer gelähmten Hand. In der Wohnung krabbelte ich meist auf allen Vieren. Das tat nicht weh und ging schneller als mit Krücken. Aber auf der Straße ging das natürlich nicht. Dafür hatte ich einen Rollstuhl, der unten im Treppenhaus stand. Da ich in der fünften Etage wohnte, musste ich erst mal diese fünf Etagen nach unten kommen. Ich nahm einen Scheuerlappen und rutschte die Treppen hinunter. Was die Leute im Haus darüber dachten, wusste ich nicht. Mein kranker Kopf konnte damals nicht so weit denken. Ich hatte ja niemanden, der mir half.

Mit dem Rollstuhl fuhr ich zur Kaufhalle. Bei jedem Einkauf das gleiche Problem: Ich konnte nicht lesen, was auf den Verpackungen stand. Wir hatten ja inzwischen die Regale mit den vielen neuen Westprodukten voll. Anfangs konnte ich noch nicht mal mit den Bildern etwas anfangen, bis die Erinnerung langsam wiederkam. Ich glaube, ich aß damals jeden Tag eine Dose Ananas. Es brauchte lange, bis mein Appetit darauf gestillt war.

Mit meinem vollen Rucksack fuhr ich im Rollstuhl nach Hause und dann krabbelte ich auf allen vieren mit dem Rucksack auf dem Rücken wieder nach oben. Das tat ich jeden Tag.

Zu Beginn des Jahres 1990 bekam ich Post von der Staatlichen Versicherung der DDR.

Meine Mutter hatte ja Anzeige wegen Körperverletzung erstattet, als sie in der Psychiatrie sah, was dort mit mir gemacht worden war. Es war in der DDR längst nicht selbstverständlich, dass jede Anzeige auch bearbeitet wurde, so hatte es zumindest für die Bürger den Anschein. Vor allem dann nicht, wenn Fehler gegenüber dem „Vater Staat" zur Anzeige kamen.

In meinem Fall wurde die Anzeige meiner Mutter bearbeitet. Das Urteil besagte, dass ich eine Entschädigung wegen „eines Schadens infolge eines medizinischen Eingriffs" bekommen sollte. Zuvor war ich von der Gerichtsmedizin begutachtet worden, wobei der Körperschaden in Prozenten ausgedrückt so hoch war, dass mir niemals mehr die Erwerbsunfähigkeitsrente gestrichen werden konnte. Die Entschädigung wurde auf 4.000 Mark der DDR festgelegt. Diese Entschädigungssumme wurde mir wenige Wochen vor der Währungsunion 1990 auf mein Konto überwiesen, wo es dann 4:1 in Deutsche Mark umgetauscht wurde. Ganze 1.000 DM hatte ich als Entschädigung bekommen, weil ich durch Fehler bei der medizinischen Behandlung zur Rollstuhlfahrerin wurde, eine gelähmte Hand hatte und einen seelischen Schaden davontrug.

Ich musste zum Büro der Staatlichen Versicherung und eine junge Frau erläuterte mir den Beschluss, wie und weshalb ich entschädigt werden sollte. Eine wirklich junge Frau, hübsch gekleidet und gut geschminkt.

Als Begründung nannte sie mir, dass ich ein Anfallsleiden mit psychischer Behinderung hätte und eine „Einschränkung bei der Teilnahme am kulturellen Leben". Dazu kam die Lähmung der linken Hand und die Gehbehinderung.

Ich fragte diese junge Frau, weshalb ich am kulturellen Leben nicht teilnehmen könnte. Da zeigte sie auf den Arm mit der gelähmten Hand und den großen Narben und sagte: „Wollen Sie sich so an den Strand legen? Das ist doch ekelerregend für andere!"

Über eine solche Antwort war ich echt erbost. Ekelerregend war ich also! Aber ich wollte nicht gleich aufgeben und sagte ihr: „Mich interessiert weniger, wie andere Leute das sehen. Ich habe eine gelähmte Hand, die mich massiv hindert, meinen Haushalt in Ordnung zu halten. Ich benötige eine Haushaltshilfe und kein Verbot, ins Theater oder ins Schwimmbad zu gehen." Diese hübsche junge und gesunde Frau antwortete: „Für Ihren Haushalt sind wir hier nicht zuständig. Wir sind nicht die Volkssolidarität."

Damit war das Gespräch beendet und ich ging besser, ehe ich noch etwas Falsches sagte, denn wir hatten ja immer noch DDR-Verhältnisse. Da konnte ein falsches Wort *ein* Wort zu viel sein.

Mein trauriger Alltag mit Alkohol, Medikamenten und Zigaretten nahm seinen Lauf. Meine Tochter war nach wie vor im Kinderheim, weil ich nicht in der Lage war, meine Aufgaben als Mutter wahrzunehmen. Ich sehnte mich nach nichts mehr, als dass das endlich ein Ende haben würde. Aber das schien nicht in Sicht.

Das Jahr 1990 brachte für uns Menschen in Ostdeutschland jede Menge Veränderungen. Nicht alles nahmen wir positiv auf. Millionen Menschen wurden arbeitslos, eine Situation, mit der die meisten nicht umgehen konnten, weil wir damit noch nie konfrontiert gewesen waren. Jeder hatte in der DDR seinen sicheren Arbeitsplatz und so manch andere soziale Sicherheit gehabt. Nun war vieles in unserem Leben unsicher geworden. Aber die diktatorische Unterdrückung des DDR-Regimes hatte endlich ein Ende. Wir waren frei!

Wie ein Augenblick mein Leben veränderte

Ich war jedoch echt am Nullpunkt angekommen. Ich hatte keine Hoffnung mehr auf ein besseres Leben, keine Idee, wie ich meinem Leben noch einmal Sinn und Inhalt geben könnte. Und Selbstmord war auch keine Option mehr. Das war ja auch keine Lösung für meine Probleme.

Ich wusste nicht mehr weiter.

Am 24. März 1991 trat ich barfuß auf den Balkon. Ich merkte nicht mal, dass es kalt war. In der Ferne sah ich das Krematorium und wollte gern dort sein. Aber meine Tochter! „Das geht nicht, ich kann nicht gehen!", dachte ich.

Dann ging ich wieder in mein Wohnzimmer, ging auf meine Knie und weinte aus tiefster Verzweiflung: „Wenn es noch jemanden gibt auf der Welt, der mir helfen kann, dann lass mich doch leben. Ich kann nicht mehr!"

Zum ersten Mal nach Jahren fragte ich nach dem Leben.

Augenblicklich war alles anders. Ich nahm um mich herum nichts mehr wahr. Seit Wochen hatte ich unter einer Anspannung gestanden, als wäre ich am Strom angeschlossen gewesen. Und nun kamen mir plötzlich die Tränen. Nein, das war kein normales Weinen. Etwas war völlig anders. Es kam ein Frieden in mich, wie ich ihn noch niemals zuvor gespürt hatte. Ich lag weinend am Boden, in diesen Frieden förmlich eingehüllt. Ich kann mich an keine Gedanken und keine Gefühle in diesem Moment erinnern. Da war einfach nur Frieden, als hätte jemand gesagt: Alles wird gut. Aber es hatte niemand etwas gesagt.

Dann stand ich auf und ging ans Fenster. Dort konnte ich auf einen Parkplatz schauen, auf dem ein großer alter Baum stand. Der Baum stand schon immer dort. Nur sah ich ihn jetzt ganz anders. Ich dachte: Die Menschen können alle Bäume dieser Welt fällen, aber das, wo der Baum herkommt, ist unantastbar. Bei diesem Gedanken bekam ich Freude. Freude – ich kann mich nicht erinnern, wann ich mich das letzte Mal gefreut hatte, richtig gefreut. Aber jetzt wusste ich: Es gibt über uns etwas, das auf uns alle Einfluss hat, aber kein Mensch kann das beeinflussen.

Gott sei Dank! Wem? Ach so, Gott.

Ich hatte noch nie einen Gedanken an Gott gehabt. Aber es beruhigte mich unendlich, dass diese verdorbene Menschheit nicht das letzte Wort in der Welt haben würde. Kein Mensch kann den Lauf der Sonne, das Wetter oder die Jahreszeiten beeinflussen. Ich fand zu dieser Zeit die Menschheit so böse, dass ich ihr zutraute, dass sie all diese schöne Natur restlos zerstört hätte, wenn sie es denn könnte. Aber jetzt wusste ich: Es gibt über uns etwas, was wir nicht beeinflussen können. Darüber freute ich mich sehr.

Seit Jahren war dies das erste Mal, dass ich mit Freude und ohne Alkohol ins Bett ging. Ich schlief sofort ein, tief und fest.

Doch plötzlich wachte ich auf und mein Schlafzimmer war taghell. „Ist es schon Mittag, habe ich wirklich so lange geschlafen? Was ist los?", dachte ich. Das Zimmer war strahlend hell. Augenblicklich sprang ich aus dem Bett. Ups. Da steht ein Mann vor mir. Das Licht blendete mich so, dass ich nicht richtig sehen konnte. Was hatte er an? Einen weißen Kittel? Nein, das war kein Kittel, das war ein festliches weißes Gewand. Ich fing an zu zittern und fiel auf mein Bett zurück. Er hatte mich nicht berührt. Mir schienen alle Knochen am Körper zu klappern. Ich sah seine Augen. Wow!

Da stand ich wieder auf. Und wieder schaute ich in seine Augen. Liebe – reine Liebe. Vertrauen – dem Mann kann ich vertrauen, ja. Seine Augen streichelten und schmeichelten, sagten mir: Es wird alles gut. Augen voller Barmherzigkeit sahen mich an, mich, die ich im Leben restlos versagt hatte.

Das hielt ich nicht aus. Ich rannte aus dem Schlafzimmer. Im Wohnzimmer war es dunkel. Zurück ins Schlafzimmer. Da war es jetzt auch dunkel. Ich machte das Licht an. Es war früh um vier Uhr, am 25. März 1991. Ich zitterte von Kopf bis Fuß.

Wie in aller Welt kam ein Mann in meine Wohnung? Sozialistischer Plattenbau, fünfte Etage, 81 Treppenstufen, in einem Wohngebiet mit 15.000 Einwohnern?

Ich ging zur Wohnungstür. Die war ordnungsgemäß verschlossen. Die Fenster – auch die waren alle in Ordnung und zu.

Für kurze Momente dachte ich: Ich bin wirklich verrückt geworden. Hatte ich doch einen Verfolgungswahn, wie man mir in der Psychiatrie hatte weismachen wollen? Nein! Ich wusste, dass ich wusste, was ich wusste – ich wusste, dass das alles wahr war. Der Mann war da gewesen und er war immer noch da. Ich sah ihn nur jetzt nicht mehr. Aber ich spürte es ganz genau: Er war da!

Fast hätte ich wieder gezweifelt, da sagte eine Stimme: „Hab keine Angst. Ich habe dich lieb." Und wieder fing ich an, am ganzen Körper zu zittern.

Ich nahm meine Reiseschreibmaschine aus der Ecke und stellte sie auf den Tisch, spannte ein Blatt Papier ein und fing mit zehn Fingern an zu schreiben, als hätte ich es nie anders gemacht.

Ich glaube, mein normales Denkvermögen war ausgeschaltet. Mein Leben zog an mir vorüber.

Ich fing an zu schreiben:

„… Das Einzige, wofür ich mir wirklich Zeit zu Hause nahm, war meine Tochter. Sie bekam die Zuwendung von mir, die ich nie hatte, nirgendwo. Vor allem konnte sie mir immer vertrauen. Eine Sache, der ich mein ganzes Leben lang hinterhergelaufen bin. Andere vertrauten mir, die Partei, aber auch viele Menschen vertrauten sich mir ganz persönlich an. Dass ich aber das Gleiche brauchte – seit heute weiß ich, dass es jemanden gibt, der das weiß. Ich kenne ihn, obwohl ich nicht weiß, wer es ist.

Wer kann schon ohne einen Menschen sein, dem er sich grenzenlos anvertrauen kann, der ihn weder bevormundet noch in schwieriger Situation allein lässt; wo ich Rat und Hilfe finde, ohne gegängelt zu werden; wo ich alles, was ich tue, selbst entscheiden muss, aber wenn es Not tut, dann ist die helfende Hand in der Nähe. Wer einen solchen Menschen an seiner Seite weiß, der ist wohl reicher, als alles Geld und Gut es machen können. Das ist die Kraftquelle, aus der ich immer und immer wieder schöpfen möchte. Reichtum hat eben zwei Seiten. Geld ist das eine, was die meisten Menschen als Reichtum bezeichnen. Doch wie arm diese Menschen sind, wissen sie selbst nicht, weil sie nicht wissen, was geistiger Reichtum ist – endlos, voller Kraft und Leben. Wer das wirklich findet, ist reich, und wer auf dem Weg dahin ist, dem geht es immer gut, egal wie misslich seine Situation gerade ist.

Der Brunnen der Kraft, der nie leer wird, so wenig man auch sieht, der Hunger und Durst stillt ohne Brot und Wasser. Aber der Weg zu diesem Brunnen ist schier endlos und mit vielen Hindernissen bepflastert. Und doch ist er für mich zur Sackgasse geworden, in die ich hineingelaufen bin und nicht wieder zurückkann. Allein der Versuch, dies zu tun, würde verhängnisvoll sein.

Erst gestern Abend hatte ich das Gefühl, dass es etwas gibt, was uns alle beeinflusst, worauf wir aber keinen Einfluss nehmen können. Seitdem finde ich keine innere Ruhe. Im Gegenteil, je näher ich mich diesem Quell fühle, umso mehr treibt es mich, umso schneller will ich dahin.

Vielleicht habe ich ihn in der Ferne schon einmal gesehen. Wie wunderbar dieses Erlebnis.

Das macht mich froh und zufrieden.

Jeder muss selber zum Brunnen der Wahrheit laufen, ohne Füße und ohne Kopf.

Das ist eben das Schwierige dabei. Alles scheint so, als müsste es so sein, und doch stehen wir kopf und es gelingt nur wenigen, sich selber auf den Kopf zu stellen, um dann mit beiden Beinen fest im Leben zu stehen.

Habe ich überhaupt begriffen, was ich geschrieben habe? Wen ich suche, das weiß ich. Ich weiß nur nicht, wie es ist, wenn ich bei ihm bin. Ich ahne nur, dass es wunderbar sein muss, wenn ich wieder in seine Augen schaue und sehe, wie leidenschaftlich und aufrichtig, seiner Sache gewachsen, vollständig und ganz, vertrauensvoll, unwiderstehlich, ein Blick, der jede Angst nimmt und so viel Vertrauen herausfordert und rechtfertigt, der streichelt und schmeichelt, wie ich es gerade brauche, auch wenn ich es nicht selber merke, wie ich es gerade nötig habe. Das ist mein unsichtbarer Kraftquell. Eine Quelle, aus der schon viele Menschen geschöpft haben und noch schöpfen werden. Wie arm gehe ich hin; wenn ich es richtig mache und nichts tue, gehe ich umso reicher wieder weg.

Was ich heute geschrieben habe, das hat nicht mein Ver-

stand diktiert, sondern der Bauch [ich hatte noch nie den Begriff ‚Heiliger Geist' gehört]. Ganz gut so, denn der weiß, was für mich richtig ist. Der Verstand will es immer richtig machen und kann es nicht, weil er kopfsteht und denkt, er weiß alles. Doch der Bauch kennt die Wahrheit, wie sie wirklich ist. Das versteht eben nur Einer. Aber der Eine meint es ehrlich und gut mit mir. Und das ist tausendmal mehr wert als jene, die mich bisher lächelnd ansahen und dann prügelten, selbst dann, wenn schon gar nichts mehr da war, was man prügeln könnte. Wie armselig sind diese Menschen dran, die sich so verhalten. Wie reich ist jener, der nichts tut und doch alles gibt. So verrückt ist die Welt.

Ich glaube, wenn ich diesen Mann nicht bald finde, werde ich selber verrückt.

Leben ist wohl mehr, als ich bis jetzt kann. Seit heute habe ich eher das Gefühl, ich vegetiere nur dahin, statt zu leben. Ich muss diesen Mann unbedingt finden.

Was ich heute geschrieben habe, kann ich mal noch lange niemandem erzählen."

Als ich das geschrieben hatte, wollte ich das Blatt wieder ausspannen, um es zu lesen. Zuvor wollte ich noch ins Bad. Ich schaute nach meinen Krücken, doch ich sah sie nicht neben mir. Ach ja, ich hatte sie im Schlafzimmer vergessen. Ich war ohne Krücken gelaufen – zum ersten Mal seit mehreren Jahren! Wirklich? Ich stand von meinem Stuhl auf und probierte zu gehen. Ich konnte sogar hüpfen. Plötzlich fiel mir auf, dass ich mit meiner gelähmten Hand auf der Schreibmaschine geschrieben hatte. Ja, was war das? Die Hand war nicht mehr gelähmt! Ich drehte immer wieder das Handgelenk im Kreis, bewegte die Finger. Es ging alles, als wäre es nie anders gewesen. Und nun schaute ich das Blatt an, das ich beschrieben hatte, und stellte fest, dass ich ganz normal wieder lesen und schreiben konnte.

Ich konnte es noch nicht fassen, was ich da gerade erlebt hatte. Wunder, richtige Wunder!

Die Ärzte hatten mir keine Chance mehr gegeben, je wieder gesund zu werden. Nicht für alles Geld der Welt hätte ich mir meine Gesundheit wieder kaufen können. Ich galt als austherapiert. Und nun, innerhalb weniger Minuten, war Heilung geschehen und kein Mensch hatte mich angefasst!

Ja, wahrhaftig, so etwas geschah und geschieht heute in Deutschland. Und ich durfte es damals erleben! Danke, mein Vater im Himmel!

Bis zu diesem Zeitpunkt hatte ich noch nie eine Bibel in der Hand gehabt.

Was hatte ich in den Augen dieses Mannes gesehen? Er bevormundet nicht; er lässt mich nicht allein. Er hilft, wenn ich Hilfe brauche; leidenschaftlich und aufrichtig, seiner Sache vollständig und ganz gewachsen, vertrauensvoll, unwiderstehlich. Er fordert Vertrauen heraus und nimmt jede Angst; er streichelt und schmeichelt. Er weiß, was ich brauche, selbst wenn ich es nicht weiß; er meint es ehrlich und gut mit mir.

Ich nannte ihn eine Kraftquelle, ja sogar den Brunnen der Kraft, der Hunger und Durst stillt ohne Brot und Wasser. Ich wusste, dass er das Leben ist.

Ich habe noch nirgendwo eine solche Beschreibung von Jesus Christus gelesen. Diese Eigenschaften, die ich damals wahrnahm, zeigen eindeutig, dass ich keine dämonische Erscheinung gehabt haben konnte.

Und dann die Beschreibung für Umkehr oder auch Bekehrung: „sich auf den Kopf stellen, um dann mit beiden Beinen fest im *Leben* zu stehen".

Natürlich wissen Christen, dass dabei nur von Jesus die Rede sein konnte. Aber ich hatte keine Ahnung, dass ich es mit dem Himmel und mit Jesus zu tun hatte. Ich hatte immer wieder überlegt, auf wen diese Charakteristik zutreffen könnte. Es gab keinen und es gibt keinen Menschen, der so ist wie der Mann, der in meinem Schlafzimmer war.

Dieser eine Augenblick hat mein ganzes Leben sofort und komplett verändert, mein Denken, meine Gefühle, mein Tun, einfach alles. Nichts war mehr wie vorher. Welche Liebe, welches Erbarmen, welche Güte über einem gefallenen Menschen! Für mich unfassbar.

Wer Jesus persönlich begegnet ist, kann nicht mehr leben wie bisher. Wer Jesus begegnet ist, will auch nicht mehr leben wie bisher.

Es war der wichtigste Augenblick in meinem Leben. Es wird auch in dieser Welt keinen wichtigeren mehr geben, denn alles, was ich tue, was ich fühle und denke, ist auf diese Begegnung aufgebaut. Selbst wenn ich einmal von Gott heim in die Ewigkeit gerufen werde, wird das nur möglich sein, weil es diesen einen Augenblick gegeben hat.

Für uns in Deutschland ist das wohl sehr besonders, auf diese Weise Jesus zu begegnen. Aber weltweit gibt es viele solcher und ähnlicher Berichte. Davon wusste ich damals aber nichts.

Von dem Moment an, wo Jesus Christus mir begegnet war, war alles ganz anders. Ich wollte nicht mehr sterben. Ich wollte wissen, wer dieser Mann war. Er war immer da. Er war da, auch wenn ich ihn nicht sehen konnte. Von der Stunde seines Erscheinens an war ich nie mehr allein.

Ich habe mich auch nie mehr in irgendeiner Situation gefürchtet, nie mehr, bis heute nicht. Er hat mir wirklich alle Angst genommen.

Dann zeigte er mir so manche Situation in meinem Leben und fragte mich: „Warst du immer ehrlich?" Ich wollte schon „Ja" sagen, da lief plötzlich vor meinen Augen ein Film ab und ich sah all jene Momente, wo ich gelogen hatte, Ausreden hatte, ja sogar als Kind bei meiner Mutter Bonbons gestohlen hatte. Das war mir äußerst unangenehm. Vor ihm hatte ich keine Ausreden mehr. Er wusste anscheinend alles. Dann fragte er mich, ob ich immer aufrichtig gesagt hatte, was ich dachte. „Ja, immer", sagte ich prompt. „Und dafür habe ich ja auch reichlich gelitten und alles verloren, was man verlieren kann." Aber schon sah ich mich an einem Rednerpult stehen und politische Dinge sagen, die niemals meine Meinung gewesen waren, die aber die Parteidisziplin und die Pressezensur verlangt hatte.

Und er zeigte mir noch vieles mehr aus meinem Leben. Ich schämte mich so sehr, dass ich nun auch diesen so liebenswerten Mann angelogen hatte. Das hatte er wirklich nicht verdient. Ja, er kannte mein ganzes Leben, Dinge, die ich schon längst vergessen hatte. Er hatte es nicht vergessen. Er kannte mich besser, als ich mich selber kannte. Dann sagte er zu mir: „Karin! Wenn du zu anderen Menschen ehrlich sein willst, dann musst du in erster Linie mit dir selber ehrlich umgehen. Wenn wir Freunde sein wollen, dann musst du immer aufrichtig die Wahrheit sagen, denn ich bin die Wahrheit. Anders geht das nicht." Das war die Lektion meines Lebens.

Ich wusste, dass er die Quelle des Lebens ist. Fragen Sie mich bitte nicht, woher ich das wusste. Ich wusste es einfach und kein Mensch hätte es mir ausreden können. Ich war fest entschlossen, alle seine Bedingungen zu erfüllen, damit ich ihn nie mehr als Freund verlieren würde.

Ich wollte so gerne wissen, wer er war. Er selbst hat es mir von sich aus nicht gesagt und ich wagte nicht, ihn das zu fragen. Ich hatte ihn einerseits grenzenlos lieb und habe mich doch vor ihm gefürchtet. Ich hatte keine Angst vor ihm, aber große Ehrfurcht. Nach wenigen Tagen waren wir Freunde geworden. Von da an nannte ich ihn einfach nur noch „mein Freund aus dem Schlafzimmer".

Mehr als zwei Jahre suchte ich danach, wer dieser Mann war. Ich erzählte keinem Menschen von „meinem Freund aus dem Schlafzimmer". Denn sonst hätte ich wirklich Angst gehabt, dass man mich wieder in eine psychiatrische Klinik einweisen könnte.

Meine erste Bibel

Nach zweieinhalb Jahren wollte ich wissen, was die Leute glauben, die sonntags in die Kirche gehen. So ging ich in eine christliche Buchhandlung und fragte nach einer Bibel. Es war der letzte Freitag im August 1993, also wenige Tage vor der nächsten Rentenzahlung. Der Verkäufer fragte mich, ob ich schon eine Bibel hätte. Nein, ich hatte noch keine. So bot er mir eine „Gute Nachricht"-Übersetzung an. Sie kostete damals 28 DM. Das war viel Geld für mich. Nun musste ich mich entscheiden: Gebe ich das noch vorhandene Geld für eine Bibel aus oder gehe ich noch mal in die Kaufhalle?

Brot für den Geist oder Brot für den Bauch. Ich entschied mich für die Bibel.

Zu Hause angekommen, entfernte ich sofort die Schutzfolie. Zum ersten Mal in meinem Leben hielt ich eine Bibel in meiner Hand. So dünnes Papier! Ich blätterte einfach durch – da stand ja unendlich viel drin! Über tausend Seiten. „Das liest doch kein Mensch, nicht im ganzen Leben", dachte ich. Das Inhaltsverzeichnis. Altes Testament, Neues Testament. „Das Alte Testament ist bestimmt nur alte Geschichte. Das brauche ich nicht. Ich will ja wissen, was die Leute heute glauben", so dachte ich. Dann kam ich auf die Idee, dass mir die Hälfte des Buches fürs halbe Geld auch gereicht hätte. Da hätte ich ja noch in die Kaufhalle gehen können. Na ja, dafür war es jetzt zu spät.

So schaute ich nach dem Neuen Testament. Das hatte auch weniger Seiten. Auf jeder Seite oben steht ein Name. Den Namen „Matthias" kannte ich natürlich. Aber „Matthäus"? War das ein Druckfehler? Auf jeder Seite falsch geschrieben und so teuer dieses Buch! Ich war empört. „Ich kann am Abend kein Brot essen wie sonst, sondern koche mir Kartoffeln, nur um das Buch zu kaufen – und dann auch noch Druckfehler!" Ich ärgerte mich sehr.

Dann begann ich das Neue Testament zu lesen. „Dies ist das Buch von der Geschichte Jesu Christi, des Sohnes Davids, des Sohnes Abrahams …"

Es ging also um eine Familiengeschichte. Das Kind Jesus, der Papa David und der Opa Abraham. Dann kamen die ganzen Generationen davor. „Na gut", dachte ich, „das hat keine Frau aus der DDR aufgeschrieben. Wir gingen zu 98% alle auf Arbeit. Für so was hatten wir keine Zeit." So habe ich das einfach überlesen.

Dann die Geburt von Jesus. „Mit der Geburt Jesu Christi verhielt es sich so: Seine Mutter Maria war mit Josef verlobt …" Ach nee. Der Vater ist David, aber mit dem Josef ist die Mutter verlobt – was war denn hier los? So was machten Leute, die in die Kirche gehen und die Verwalter der Moral sein wollten? Ich war empört. Und wie wurde die gute Frau Maria schwanger? Auch die Erklärung stand da: „… dass Maria durch die Wirkung des Heiligen Geistes ein Kind erwartete". Ich war auch mal verheiratet und habe ein Kind, aber diesen Weg, schwanger zu werden, kannte ich noch nicht. Das machte mich neugierig. Ich suchte nach einer Erklärung und fand sie im Sachverzeichnis. Man höre und staune: Heiliger Geist = Wind, Hauch.

Na, ich war „begeistert". Den einen nennt diese Frau ihren Mann, mit dem sie vertraut ist, der andere ist der Vater ihres Kindes – und das alles vom Wind. Na, so ist das bei uns Menschen doch immer, wir können nix dafür, wir sind doch nicht schuld.

Mich erinnerte das sehr an meine Mutter. Als ich siebzehn Jahre alt war und zur Disco gehen wollte, sagte sie: „Komm mir ja nicht schwanger nach Hause und sag dann, es wäre Windbestäubung gewesen!"

Oh, nun steht so was in der Bibel! Mir platzte der Kragen. Ich machte das Buch zu und das Fernsehen an. Aber dem Nachrichtensprecher zuhören konnte ich auch nicht. Mich beschäftigte mein neues Buch. Das war so teuer und dann stand solches Zeug drin! Ich konnte mich nicht mehr beruhigen.

Tja, wissen Sie, so liest ein Mensch die Bibel, wenn es nicht der Heilige Geist erklärt. Es ist für den menschlichen Verstand einfach unlogisch. Es ist den Menschen wirklich eine Torheit, wenn der Heilige Geist uns nicht in alle Wahrheit leitet.

Natürlich ist Maria nicht irgendein Flittchen. Solche Gedanken kommen nicht aus einem von Jesus gereinigten Geist. Nein, es war eher ein Zeichen meiner Verdorbenheit gewesen, wenngleich ich in meinem Leben nur den Mann kannte, mit dem ich verheiratet war. Dank einer sehr strengen sexuellen Erziehung durch meine Mutter ist mir das heute geradezu ein Geschenk, dass ich von keinem anderen Mann weiß. Ich denke sogar, dass diese sexuelle Reinheit in meinem Leben eine sehr gute Voraussetzung im Umgang mit vielen Brüdern in Christus ist, denen ich in aller Welt begegnet bin.

Maria ist mir ein großes Vorbild. Sie war es, eine Frau, die ihr Leben riskierte, damit der Heiland der Welt kommen konnte. Und als sie schwanger wurde, hatte sie keine Ahnung, was für Herausforderungen noch auf sie warten würden. Aber sie hat es gemacht, wie Jesus später auch: „Nicht wie ich will, sondern dein Wille geschehe." Schon deshalb denke ich bei meinen Entscheidungen oft an Maria.

Ich glaube, ich musste das mit der Bibel so erfahren haben, damit ich verstehe, weshalb die Masse der Menschen mit diesem Buch nichts anfangen kann. Heute denke ich: Es ist nicht die erste Aufgabe für uns Christen, anderen Menschen eine Bibel in die Hand zu drücken, sondern so zu leben, dass die Welt Gottes Herrlichkeit und seine Liebe durch uns Christen erkennt, weil durch Jesus Christus ein helles Licht in uns und durch uns strahlt. Deshalb sagt man auch landläufig, wir sollten ein „Brief Christi" sein. Wenn wir es nur wären!

Der Fernseher lief, aber er störte mich nur beim Denken. Deshalb machte ich ihn wieder aus. Sollte es wirklich sein, dass die Menschen, die zur Kirche gingen, tatsächlich ihr Leben daran festmachten, dass eine Frau vom „Wind" schwanger wurde? Das wäre ja nicht glaubhafter als die Märchenbücher. Nein, das konnte nicht sein! Nein, in diesem Buch musste noch mehr stehen. Ich wollte nachschauen. Und ich legte mich fest: Sollte ich noch mehr solcher seltsamen Berichte finden, würde ich am Montag das Buch zur Buchhandlung zurückbringen und mein Geld zurückverlangen. Das wäre das erste Mal in meinem Leben, dass ich ein Buch reklamieren würde.

So blätterte ich einfach um und kümmerte mich nicht mehr um Maria und ihre Familie.

Es war gar nicht so einfach, das alles zu verstehen. Viele Begriffe hatte ich noch nie gehört: Pharisäer, Sadduzäer, Menschensohn, Gottessohn, Segen, Halleluja, Amen, Sünde, Buße, Vergebung und noch mehr. Alle diese Worte gab es in meinem Sprachschatz nicht.

Ich fragte meinen Freund aus dem Schlafzimmer, ob er die Bibel verstehe. Eine kleine, leise Stimme in mir sagte: „Ja. Schau ins Sachverzeichnis, dann verstehst du es auch." Ich tat das sofort, denn ich hatte in den mehr als zwei Jahren, die ich nun schon mit meinem Freund Kontakt hatte, beste Erfahrungen gemacht, wann immer ich auf seinen Rat gehört und getan hatte, was er sagte. Deshalb tat ich es jetzt auch.

So kämpfte ich mich förmlich von Seite zu Seite. Ich las von Jesus, einem Mann, der anscheinend nie Feierabend hatte. Immer war er dabei, anderen Menschen zu helfen. Kamen Kranke zu ihm und baten um Hilfe, machte er sie gesund, einfach so. Nicht ein Mal sagte Jesus: „Du brauchst diese Krankheit, damit ich mit dir reden kann." Und nirgends fand ich einen Hinweis, dass Jesus ein Rezept geschrieben hätte für die Apotheke. Nein. Er hat auch zu keinem gesagt: „Du bist so schlecht, dir helfe ich nicht." Er machte die Menschen einfach gesund und sagte: „Sündige von nun an nicht mehr." Er verurteilte niemanden für die Fehler, die er im Leben getan hatte. Das machte mir Jesus sehr sympathisch.

Je länger ich las, umso mehr wunderte ich mich, dass dieser Jesus in der Bibel in allem die gleiche Meinung hatte wie mein Freund aus dem Schlafzimmer. Einiges, was ich las, war mir gar nicht so fremd. Mein Freund hatte mir in den zweieinhalb Jahren vieles gesagt, was sehr wichtig schien. Und manches hatte sich förmlich in mein Gedächtnis eingebrannt. Ich fand immer mehr Parallelen dazu in der Bibel.

Inzwischen fand ich, dass die Bibel ein tolles Buch war. Ich blätterte einfach in den Seiten und fand die Stelle von der „blutflüssigen Frau". Die war auch austherapiert, so wie ich. Sie hatte alles versucht, um wieder gesund zu werden, und nichts konnte ihr helfen, außer Jesus. Sie tat etwas, was mich aufhorchen ließ: Sie berührte Jesus am Gewand! Ja, nicht nur mein Freund aus dem Schlafzimmer hatte ein Gewand, Jesus auch. „Haben beide miteinander zu tun?", dachte ich an diesem Abend zum ersten Mal. Genau bei diesem Gedanken fing ich an zu weinen. Ich war so berührt von der Liebe von Jesus, die er zu den Kranken und Elenden hatte. Ob er mit mir auch so umgehen würde, wenn ich ihn treffen würde? Hätte ich das Gewand meines Freundes berührt, wäre ich dann vielleicht auch gesund geworden? Konnte doch sein, oder?

Mir hätte in diesem Moment keiner erzählen können, dass dieses Buch vor etwa zweitausend Jahren geschrieben worden sei. Nein, das war heute, hier und jetzt. Es gab so viele Parallelen zu meinem Leben. Ich war begeistert von diesem Buch. Es war das beste Buch, das ich jemals in der Hand gehabt hatte. Ich wollte es gern in dieser Nacht durchlesen, einfach weil es so schön war.

Wieder blätterte ich in den Seiten. Das Johannesevangelium. Ich las: „Wenn ihr mit mir vereint bleibt und meine Worte in euch lebendig sind, könnt ihr den Vater um alles bitten, was ihr wollt, und ihr werdet es bekommen" (Johannes 15,7). Was? Wirklich? Ich kann Jesus bitten, was ich will, und es wird geschehen? Noch mal lesen. Doch, ja, es steht da. Jesus sagt, dass ich bitten kann, was ich will, und es wird geschehen. Dass man dafür eine Voraussetzung erfüllen muss, das habe ich damals nicht verstanden und einfach überlesen. Ich sah nur das eine: Ich kann Jesus bitten, was ich will, und ich werde gesund.

Ja, das wollte ich.

Wieder blätterte ich in den Seiten. Da stand: „Jesus heilt ein epileptisches Kind." Ich konnte es nicht fassen. Nun weinte ich nicht nur, jetzt schluchzte ich völlig aufgelöst.

Plötzlich rief ich laut: „Das Kind bin ich!"

Ich fiel auf die Knie, die Bibel legte ich auf den Boden.

Nun lag ich mit dem Kopf auf der Bibel und weinte endlos lange: „Mein Herr und mein Gott, dein Kind will ich sein. Mach mich gesund, egal, was ich machen muss." In diesem Augenblick war ich bereit, alles zu tun, was Jesus von mir wollte. So schenkte ich ihm mein Leben.

Plötzlich wusste ich zwei Dinge. Ich wusste erstens mit absoluter Sicherheit, dass der Mann, der in meinem Schlafzimmer war, Jesus Christus war. Ich war dem Leben begegnet und hatte nun das Leben gefunden. Ich vegetierte nicht mehr. Jetzt lebte ich.

Das Zweite, was ich sicher wusste: In drei Jahren werde

ich keine Medikamente mehr wegen der Epilepsie nehmen müssen. Ich werde gesund sein.

Ich hatte meinen Freund Jesus gefunden.

Ich hatte ihm gerade mein Leben geschenkt. Aber was gab ich ihm da alles mit? Sünde, Krankheit, eine total gescheiterte Existenz. Ich hatte als Mutter versagt, als Ehefrau, im Beruf, in der Gesellschaft. An mir war doch nichts mehr, was irgendwie brauchbar wäre. Ich jedenfalls konnte mit meinem Leben nichts mehr anfangen. Ich war ja noch nicht mal in der Lage, mich umzubringen. Ich konnte nicht sterben und ich konnte nicht leben. Und so was sollte ein Geschenk sein? Und auch noch für meinen besten Freund? Hätte ich besser fragen sollen, ob er bereit wäre, mein Leben zu nehmen?

Vielleicht konnte Jesus doch noch etwas Gescheites aus mir machen? Wenigstens etwas, ein bisschen besser als jetzt? Immerhin hatte er doch dafür gesorgt, dass ich wieder laufen konnte, meine linke Hand funktionierte und ich wieder lesen und schreiben konnte.

Vielleicht ging noch mehr?

Das verlorene Schaf

Ich spürte, dass eine spannende Zeit vor mir lag. Nun wusste ich wenigstens wieder, weshalb ich abends ins Bett ging und am Morgen wieder aufstand. Jeden Tag konnte ich jetzt in meiner Bibel lesen, und ich tat es mit Begeisterung. Stundenlang las ich und was ich nicht verstand, fragte ich meinen Freund Jesus. Das funktionierte gut.

Ich las die Bibel nicht fortlaufend, sondern mal hier und mal da. So kam es dazu, dass ich die ersten Wochen nicht erfuhr, dass Jesus gekreuzigt worden war.

Dann hatte ich Gelegenheit, zu einer Rüstzeit mitzufahren, die für seelisch kranke Menschen gedacht war. Anfang der 1990er-Jahre gehörte ich zweifellos noch dazu. Ich bekam oft Panikattacken, bei denen ich einfach wegrannte. Weg, nur weg, war dann das Motto. Hinterher wusste ich meist nicht, weshalb ich überhaupt weggelaufen war. Es war noch vieles schwer für mich. Ich brauchte noch sehr viel Heilung, die mir nur Jesus schenken konnte.

Nun freute ich mich, endlich mal wieder etwas anderes zu sehen und zu hören, von zu Hause rauszukommen.

In dem Ferienheim gab es einen scheinbar endlos langen Gang. An dessen Ende hing ein Bild, wo Jesus ein Lamm auf der Schulter hatte. Ich kannte nur sehr wenig aus der Bibel. Deshalb wusste ich auch nichts „vom verlorenen Schaf". Aber jedes Mal, wenn ich dort entlangging, beeindruckte mich das Bild. Ich wäre gern das Schäfchen gewesen.

Am Sonntag gingen wir gemeinsam in den Gottesdienst einer evangelischen Gemeinde. Ich wusste nicht, wie ich mich richtig verhalten sollte, denn ich kannte den Ablauf eines Gottesdienstes noch nicht. Also machte ich es einfach den anderen Leuten nach.

In der Kirchenbank angekommen, blieb meine Nachbarin stehen, faltete die Hände und senkte den Kopf. Das machte ich auch. Dann sprach sie leise: „Unser Vater im Himmel ..." Ich sagte ihr einfach alles nach. „Geheiligt werde dein Name, dein Reich komme, dein Wille geschehe ..." Dann riss der Faden bei mir. Deshalb wiederholte ich immer wieder: „Dein Wille geschehe, dein Wille geschehe ..." Peinlich. Die Frau setzte sich, ich auch, und ich atmete tief durch. Hoffentlich war ich nicht negativ aufgefallen.

Ich hatte das zwar alles nachgesprochen, aber nicht verstanden, was ich sagte. Dennoch, Gott nahm mich ernst und erinnerte mich in den nächsten Jahren oft an diese Situation. Nämlich immer dann, wenn ich nicht nur „Ja, Vater" sagte, sondern noch ein „Aber" hatte.

Nun gut, damals war ich eine blutige Anfängerin im christlichen Glauben. Da kann so etwas vorkommen. Jedenfalls war ich lange dieser Meinung. Aber Gott belehrte mich eines Besseren. Wir kennen unsere Muttersprache und können sagen, was wir meinen. Es gibt keinen Bereich unseres Lebens, wo wir gezwungenermaßen etwas sagen müssen, was wir nicht verstehen oder anders meinen, als wir mit unseren Worten sagen. Allerdings sagen wir manchmal etwas, was vor anderen Leuten gut klingt. Das mag uns in bestimmten Situationen in eine angenehmere Position bringen, weil andere Menschen auch nicht unser Herz sehen.

Im Gebet oder wenn wir Lieder singen, ist das anders. Da sieht Gott unser Herz. Da singen wir am Sonntag:

„Mein ganzes Leben geb ich dir" oder „Alles, was ich bin und habe, soll Dein Eigen sein". Oder denken Sie an das „Vaterunser". Was wir in diesem Gebet alles versprechen! Wie viele von diesen Versprechungen sind am Montagmorgen noch übrig? Kann Gott uns ernst nehmen, wenn wir beten? Wenn wir zu unserem Vater im Himmel beten, warten wir auf Gebetserhörungen. Das ist ja auch gut so. Aber wie oft tun wir nicht, was wir Gott im Gebet versprochen haben! Trotzdem wollen wir ernst genommen werden. Wir nehmen doch Gott auch beim Wort und sagen: „Herr Jesus, du hast versprochen …" Der Herr ist treu und tut, was er uns zugesagt hat. Und Gott will, dass wir auch zu dem stehen, was wir ihm versprechen. Wenn wir wollen, dass Jesus uns als Freund annimmt, dann müssen wir auch aufrichtig mit ihm umgehen. Wir wollen doch nicht, dass Jesus traurig ist über uns, weil wir immer wieder etwas anderes tun, als wir ihm versprochen haben. Ich jedenfalls halte es nicht aus, wenn mein bester Freund wegen mir traurig ist. Sein Opfer für mich war so groß und die Liebe, die er mir jeden Tag schenkt – nein, er hat es nicht verdient, meinetwegen traurig zu sein.

Der Gottesdienst begann. Ich sah eine Frau vorn, die die Kerzen anzündete.
Und plötzlich sah ich das Kreuz. „Nicht zu fassen, da hängt ja 'ne Leiche dran!! Das ist doch mein Jesus!! Was ist denn jetzt los? Soll das wahr sein, dass die Leute meinen besten Freund umgebracht haben?" So dachte ich. In mir stieg richtig Wut hoch. Am liebsten wäre ich nach vorn gegangen und hätte gefragt, wer das war. Ich hätte denjenigen danebengehängt. Nur gut, dass der Herr immer auf mich aufpasst. Damals war ich noch so ein Hitzkopf. Erst

hatte man mir meinen „Gott" Karl Marx genommen und nun meinen besten Freund Jesus. Das wollte ich nicht zulassen. Ich wusste ja noch nicht mal, dass Jesus um meiner Sünde willen gekreuzigt worden war, und schon gar nicht, dass er auch wieder auferstanden war, damit ich ewiges Leben hatte. Ich weinte so sehr in meiner Bank.

Dann las ein Mann eine Geschichte vor. Ich konnte nicht wissen, dass das eine Predigt war, aber ich hörte sehr genau hin. Die Überschrift lautete „Das verlorene Schaf", genau wie das Bild auf dem Flur im Ferienheim. Und da wurde erzählt, dass eine Herde mit einhundert Schafen unterwegs war. Eines von ihnen hatte sich verlaufen. Ein Schaf ist wertvoll, man kann es nicht einfach laufen lassen. Der Hirte ging es suchen und fand es auch. Er trug es wieder nach Hause. Der Hirte und auch das Schaf waren froh, dass es noch mal gut gegangen war. Aber wer hütete in der Zeit die anderen neunundneunzig? Waren die auf sich selbst gestellt?

Vor meinen Augen begann ein Film abzulaufen. Ich war das eine verlorene Schaf und mein Jesus hatte mich nach Hause getragen. Das fand ich total schön. Zu Hause angekommen, sah ich aber die anderen Schafe. Manche hatten sich ein Bein verstaucht, andere hatten blutende Wunden. Weil ich mich verlaufen hatte und Jesus mich rettete, waren die anderen auf sich allein gestellt und in so manche böse Falle gelaufen. Mir taten die anderen Schafe so sehr leid, weil sie meinetwegen jetzt verletzt waren und Schmerzen hatten. Aus diesen Schafen wurden plötzlich Menschen in meinem „Film", siebzehn Millionen Menschen aus Ostdeutschland. Ja, ich war viele Jahre meines Lebens einen Irrweg gegangen und am Leid vieler Menschen schuldig geworden.

Als ich das anfing zu begreifen, weinte ich endlos über meine Schuld. Ich hatte das Gefühl, ich würde in meinem Leben nie wieder froh sein können. Ich war von meiner Schuld überwältigt und getraute mich keinen mehr in der Kirche anzuschauen. Es war ein Gefühl, als hätten die Leute in der Kirche alle meinetwegen Kummer und Leid gehabt. Ich war schuldig, so sehr schuldig.

Das war eine Last, die ich den Rest meines Lebens nicht hätte tragen können. Da ich noch nichts von der Kreuzigung und Auferstehung von Jesus wusste, kannte ich auch nicht die Möglichkeit, bei Jesus um Vergebung meiner Schuld zu bitten. Für mich war das bestimmt gut, auch wenn wir das üblicherweise sonst nicht so kennen, und angenehm war das schon mal gar nicht. Ich musste dann eine ganze Nacht meine Hilflosigkeit fühlen. Umso größer war später die Erleichterung, als Jesus mir meine Sünden vergab, weil ich ihn darum bat. Diese Bitte war nicht ein nachgesprochenes Gebet. Nein, ich lag weinend am Boden und flehte meinen Freund aus dem Schlafzimmer um Hilfe an. Und ich bekam in dieser Nacht keine Antwort. Es war, als wäre die Telefonleitung abgeschnitten worden.

Am anderen Morgen gab mir der Pfarrer der Gemeinde einen Zettel. Darauf stand:

Das soll mein Glaube sein
(Martin Luther)

„Mir ist's wegen angeborener Bosheit und Schwachheit bisher unmöglich gewesen, den Anforderungen Gottes zu genügen. Wenn ich nicht glauben darf, dass Gott mir um Christi willen das täglich beweinte Zurückbleiben vergebe, so ist's aus mit mir. Ich muss verzweifeln. Aber das lass ich bleiben!

Wie Judas an den Baum mich hängen, das tu ich nicht. Ich häng mich an den Hals oder Fuß Christi, wie die Sünderin, ob ich auch noch schlechter bin wie diese; ich halte meinen Herrn fest.

Dann spricht er zum Vater: Dies Anhängsel muss auch durch. Er hat zwar nichts gehalten und alle deine Gebote übertreten. Vater, aber er hängt sich an mich. Was will's! Ich starb auch für ihn. Lass ihn durchschlüpfen.

Das soll mein Glaube sein!"

Das Erste, was ich dachte, war: „Ich mache es genauso wie Martin Luther. Ich hänge mich Jesus an den Hals oder die Füße und lass ihn nie mehr los."

Dazu hörte ich in der Rüstzeit, dass Jesus unsere Sünden vergibt. Das brauchte ich unbedingt. Deshalb kniete ich in meinem Zimmer nieder und sagte Jesus, dass ich diese große Schuld nicht tragen könne. Und ich bat ihn um Vergebung.

Mir wurde es so viel leichter ums Herz. Nun lief ich mit Freude über den Flur und wusste: Jesus hatte mich gerettet, er hatte mich nach Hause gebracht.

Weshalb war es für mich gut, eine Nacht lang mit meiner Schuld regelrecht beladen zu sein und nicht zu wissen, wohin mit dieser Last?

Ich hatte in den Jahren zuvor wirklich viele schlimme Dinge erlebt. Und zu Recht nennt man mich „ein Opfer des DDR-Regimes". Aber über all dem Erlebten hatte ich nie daran gedacht, wie viel Schuld ich als SED-Parteimitglied auf mich geladen hatte. Ein diktatorisches Regime kann nur erfolgreich sein, wenn es Unterstützer um sich hat. Ich sah plötzlich innerlich die Geschichte von Mose vor mir. Wie er auf einem großen Stein saß und beim Kampf gegen die Amalekiter seine Arme nicht mehr zum Gebet hochhalten konnte. Aaron und Josua stützten seine Arme und so siegte das jüdische Volk im Kampf. Aron und Josua waren nicht in die Kämpfe verwickelt. Sie erhoben weder das Schwert noch eine andere Waffe. Sie stützten Mose die Arme, mehr nicht. Deshalb, und nur deshalb, war der Kampf siegreich, obwohl Mose als Anführer in der Wüste ziemlich schwach war. Das bedeutet, Mose allein hätte den Kampf nie gewonnen. Er konnte nur erfolgreich sein, weil er Leute um sich hatte, die ihn unterstützten.

Ich gehörte zu denen, die der Partei- und Staatsführung der DDR sinnbildlich die Arme gestützt hatten. Das hatte sie so schrecklich erfolgreich sein lassen. Der Teufel hatte wieder einmal versucht, Gott nachzuahmen. Um schuldig zu werden, war es überhaupt nicht notwendig, dass ich anderen Menschen böse Dinge antat. Allein die geistliche und moralische Unterstützung des Regimes hatte dazu geführt, dass ich schuldig geworden war.

In der Nacht habe ich echt mit Jesus gerungen, da ich meinte, ich hätte ja nie einen Menschen bespitzelt oder gar denunziert. Im Gegenteil, ich meinte sogar, dass ich anderen viel Gutes getan hatte und eher noch belohnt werden müsste. Da war ein großer Stolz in mir. Dieser Stolz musste schmelzen wie Eis. Ja, ich war ein emotionaler Eisblock. Ich hatte weder einen barmherzigen Gedanken an jene Menschen, die mir sehr wehgetan hatten, noch hatte ich Mitgefühl für jene, die durch meine Schuld gelitten hatten. Ich habe tatsächlich das Leid, das meine Schuld ausgelöst hat, erst einmal spüren müssen, um zu begreifen, welche schlimmen Auswirkungen meine Sünde hatte.

Durch den Bericht über Mose und Aaron lernte ich, dass

ich eine Verantwortung für die Geschichte meines Volkes hatte. Über Buße und die öffentliche Bitte um Vergebung gegenüber den Opfern durfte ich später noch viel mehr lernen.

Aber ich fand auch tröstliche Verse im Matthäusevangelium 11,28–29: „Kommt her zu mir, alle, die ihr mühselig und beladen seid; ich will euch erquicken. Nehmt auf euch mein Joch und lernt von mir; denn ich bin sanftmütig und von Herzen demütig; so werdet ihr Ruhe finden für eure Seelen. Denn mein Joch ist sanft, und meine Last ist leicht."

„Nehmt auf euch mein Joch und lernt von mir …"

Welches Joch? Jesus trug die Last unserer Schuld, obwohl er sie nicht verursacht hatte. Können wir auch die Last der Schuld anderer auf uns nehmen? Ja. Nicht das Urteil für die Schuld, aber wir können die Last der Schuld tragen – ans Kreuz zu Jesus.

Ich stelle mir vor, ich komme in einer alten, ehrwürdigen Kirche zur Tür herein. Dann stehe ich in einem langen Gang, an dessen Ende sich der Altarraum mit dem Kreuz befindet. Wenn ich als Kind Gottes in diesem Gang stehe, dann ist der Weg für mich frei, weil ich Vergebung meiner Schuld habe und nichts meine Beziehung zu Jesus behindert. Aber der Mensch, der an mir schuldig geworden ist, hat diesen freien Blick aufs Kreuz nicht. Seine Schuld ist wie ein großer schwarzer Berg mitten auf dem Weg zum Kreuz. Er kann das Liebesangebot von Jesus, nämlich die Vergebung der Schuld, nicht erkennen. Wenn ich aber diesen Schuldenberg aus dem Weg schiebe, indem ich Gott bitte, diese Schuldenlast dem sündigen Menschen nicht anzurechnen, bis er selbst um Vergebung bittet, dann mache ich praktisch den Weg frei, sodass er die Schuld sehen und bekennen und Vergebung bekommen kann.

Langsam erkannte ich: Um das tun zu können, brauche ich Sanftmut. Solange ich die Schuldigen hasse und ihnen womöglich noch alles Schlechte wünsche, weil ich das für gerecht halte, werde ich kaum bereit sein, Lastenträger zu werden. Es ist also notwendig, dass ich nicht aggressive, sondern sanfte, barmherzige Gedanken über den anderen bekomme. Und das braucht Demut. Das ist sicher eine alte und nicht attraktive Tugend und in unserer heutigen Gesellschaft eher verpönt als beliebt, aber sie ist wichtig bei Jesus. Demut bedeutet nicht, mich selbst herunterzumachen und das „arme Opferlamm" zu spielen. Es bedeutet vielmehr, mich selbst einmal zurückzuhalten, auf meine Rechte zu verzichten, den anderen bei seiner Meinung zu lassen, bis er selbst zu einer anderen Erkenntnis kommt.

Wenn wir die Schuldigen segnen und Gutes für sie erbitten, höflich und sogar freundlich mit ihnen umgehen, dann wird diese Demut letztlich zu einer Eigenschaft, die uns sogar überlegen sein lässt, und andere werden eher achtungsvoll zu uns aufschauen. Aber nur, wenn diese Demut auch aufrichtig ist.

Und es wird uns vor Stolz schützen. Jesus ist auch für unsere Sünden gestorben, als wir ihn noch nicht kannten, genauso wie für den anderen, der an uns schuldig wurde.

Um diesen Weg gehen zu können, braucht es noch eine andere Voraussetzung – Vergebung. Ich werde noch berichten, wie Jesus mich in die Vergebung führte und wie schwer ich mich damit tat. Und dennoch liegt für mich ein großer Segen darauf.

Schritt für Schritt in ein neues Leben

Die Monate vergingen, ich verbrachte jeden Tag mehrere Stunden mit Jesus und der Bibel.

Mich begeisterte geradezu, was ich da las. Es war, als hätte jemand ein Tagebuch meines Lebens geschrieben: Es passte einfach genau zu mir und meinem Alltag.

Natürlich verstand ich vieles noch gar nicht, weil die Sprache der Bibel eine völlig andere ist als unser Alltagsdeutsch. Und ich hatte immer wieder den Eindruck, jeder Satz in der Bibel wäre so wichtig, dass er mir erklärt werden müsste.

Dann lernte ich eine Frau kennen, die mir viele meiner Fragen beantworten konnte. Warum faltete man beim Beten die Hände? Was hieß Amen? Warum stand man in manchen Gemeinden beim Singen auf und hob die Hände und in anderen nicht? Ich hatte viele solcher Fragen und wollte es unbedingt wissen. Denn ich war schon einmal in meinem Leben nur zur Nachahmerin geworden, hatte mich nicht erkundigt, weshalb man dies und jenes als Kommunistin tat und sagte. Noch einmal wollte ich diesen Fehler nicht machen. Ich wollte alles prüfen und das Richtige und Gute behalten. Und genau diesen Satz fand ich in der Bibel.

Diese erwähnte Frau half mir sehr dabei. Mit leuchtenden Augen erzählte sie mir von Jesus. So fasste ich Vertrauen zu ihr. Ich konnte ihr auch von meiner kommunistischen Vergangenheit erzählen.

Wenn man nichts von Jesus und auch nichts von okkulten Mächten weiß, dann tut man vielleicht Dinge wie Kartenlegen, Zinngießen, Tierkreiszeichen als Halskette tragen und viele andere Sachen.

Diese Frau kam mit ihrem Mann zu mir nach Hause. Sie hatten einen Zettel, wo lauter solche Dinge draufstanden. Wir gingen diesen Zettel Stück für Stück durch. Was für finstere Dinge ich da alles in meinem Leben gemacht hatte, ohne zu wissen, dass ich damit Tür und Tor für finstere Mächte geöffnet hatte, die gegen Gott stehen! Das Erste, was ich aus dem Schrank holte, waren alle marxistischen bzw. kommunistischen Bücher. Ich legte sie übereinander und nahm dann das Maßband. 1,27 Meter Schundliteratur. Ich hatte keinen Ofen, deshalb konnte ich sie nicht wie Zauberbücher ins Feuer werfen. Es war sogar eine Honecker-Biografie dabei, ein Buch, für das ich nach der Wiedervereinigung vermutlich viel Geld bekommen hätte. Ein Mann sah dieses Buch am Papiercontainer und meinte ganz aufgeregt: „Das können Sie doch nicht einfach wegwerfen!" Ich schaute ihn an und antwortete: „Ich verschenke lieber zehn Bibeln", und – schwupp – flog das Buch in den Container.

Dann kamen die Zinnfiguren, die meine Tochter mit der Oma zu Silvester immer gegossen hatte, meine Kette mit Tierkreiszeichen und noch manch anderes. Als wir den Zettel „durchgearbeitet" hatten, holte ich mein Parteidokument raus, das rote Buch der Sozialistischen Einheitspartei Deutschlands. Als ich das in die Hand nahm, fing ich an zu zittern. Ich wollte das unbedingt verbrennen, brennend in meinen eigenen Händen halten. Während das Parteibuch brannte, sagte ich mich vom Geist des Kommunismus los, nannte den Marxismus-Leninismus himmelschreiendes Unrecht. Ich befahl diesen kommunistischen Geistern, mich zu verlassen, und befahl ihnen im Namen von Jesus Christus, nie mehr zurückzukommen.

Wichtig war für mich, dass dieses Ehepaar dabei war und mich auch segnete und unter den Schutz Jesu Christi stellte. Ich hatte eine Entscheidung für den Rest meines Lebens getroffen. „Ich gehöre Jesus Christus. Er hat mir meine Sünden vergeben, hat mich als sein Kind angenommen. Mein Name steht im Buch des Lebens. Ich bin sein Eigentum, weil er mich durch sein Blut freigekauft hat von allen Anrechten der Finsternis. Niemand aus der sichtbaren und unsichtbaren Welt kann mich jemals wieder aus seiner Hand reißen."

Das proklamierte ich laut, während das Parteibuch bis auf den letzten Millimeter in meinen Fingern verbrannte. Danach hatte ich zwar eine Brandblase, aber für mich war die Sache damit ein und für alle Mal erledigt.

Nicht erledigt hatte sich die seelische Not wegen der vergangenen schlimmen Jahre. Ich war schwer traumatisiert. In manchen Situationen konnten andere mein Verhalten nicht verstehen. Ich selbst konnte mich ja oft auch nicht verstehen, obwohl sich in den ersten paar Monaten meines Christseins schon so vieles zum Positiven verändert hatte.

Mein erster Lobpreisgottesdienst

Dann lud mich jemand zu einem Lobpreisgottesdienst ein. Ich wusste nicht, was das war. Die Frau erklärte mir, dass ich mich dort auch segnen lassen könnte. „Was ist das, Segnen? Ist das für Anfänger oder für Fortgeschrittene?" Sie schaute mich mit großen Augen an und schmunzelte still vor sich hin. So beschloss ich, mich überraschen zu lassen.

Damit mein weißer Pullover in der Kirche nicht schmutzig wurde, wischte ich mit der Hand über die Gesangbuchablage. Es war alles sauber, das hat mich richtig beeindruckt. Das war wichtig für mich, die ich als „Fremde" zum ersten Mal kam. Daher weiß ich, wie wichtig der äußere Eindruck einer Kirche ist.

Der Gottesdienst begann. Es wurden Lieder gesungen und mit Klavier und Gitarre begleitet. Das fand ich schön, viel schöner als die große Orgel, die mich sonst sonntags förmlich überrollte. Aber es fiel mir auf, dass noch kein Pfarrer da war, jedenfalls keiner mit einem schwarzen Gewand. Inzwischen hatte ich gelernt, dass der Pfarrer einen Talar trug. Aber da war keiner. So sah es jedenfalls für mich aus.

Dann kam ein Mann nach vorn, der anscheinend die Leitung übernommen hatte. Natürlich war's der Pfarrer, aber woher sollte ich das wissen? Er hielt eine Predigt, die mich stutzig machte. Er sprach scheinbar die ganze Zeit über mein verpfuschtes Leben. Das war, als würde er nur mit mir reden.

Das habe ich dort das erste Mal erlebt, aber längst nicht das letzte Mal.

Dann konnten die Leute nach vorn kommen und sich segnen lassen. Jetzt wollte ich endlich erfahren, was „Segnen" war. Am Klavier wurde leise gespielt. Die Leute sagten dem Pfarrer etwas und dann legte er ihnen eine Hand auf die Schulter, die andere auf den Kopf und betete. Einer nach dem anderen. Aber leider konnte ich nicht verstehen, was der Pfarrer sagte. Dabei wollte ich doch endlich wissen, was Segnen war.

Dem Pfarrer fiel bei jedem etwas ein, was er ihnen sagte. Das beeindruckte mich sehr. Die Leute kamen recht traurig nach vorn und nach dem Beten waren sie fröhlich. Irgendetwas sehr Positives war mit ihnen geschehen.

Neben mir saß die Frau, die mich eingeladen hatte, und betete in einer Fremdsprache. Komisch, warum sprach sie nicht Deutsch? Damals wusste ich noch nicht, dass das Sprachengebet eine Geistesgabe ist, die man bekommen kann, wenn man vom Heiligen Geist erfüllt ist.

Aber da vorn, was war passiert? Da fiel einer um! War der bewusstlos geworden? Beim Segnen? Und den ließen die einfach liegen! Also so etwas. Das war Segnen?

Und ausgerechnet jetzt fragte meine Nachbarin mich, ob ich mit nach vorn kommen wollte. Na gut, sie kam ja mit nach vorne. Was nun geschah, konnte ich gar nicht verstehen. Der Pfarrer schaute mich an und sagte: „Herr, hier ist ein Menschenherz, das schreit nach Liebe." Augenblicklich, als hätte mich der Blitz getroffen, fiel ich auf die Knie und weinte. Dann legte ich mich auf mein Angesicht. Ich nahm um mich herum nichts mehr wahr. Und es schien, als würde Jesus neben mir knien und mich umarmen. Da sagte ich zu ihm: „So viele Jahre warst du gut zu mir und ich habe dich nicht beachtet. Bitte vergib mir. Von nun an will ich nur noch dir dienen und deinem Willen folgen." Das wiederholte ich mehrmals.

Irgendwann setzte ich mich wieder in meine Bank und kam mir vor wie der glücklichste Mensch der Welt.

Nun wusste ich, was Segnen ist. Man begegnet Jesus und empfängt durch den Heiligen Geist sehr Wertvolles für sein Leben. Meine persönliche Erfahrung ist allerdings, dass ich im Laufe der Jahre auch Sachen zu hören bekam, die mir gar nicht gefielen. Ein Pastor in einer anderen Gemeinde sagte mir einmal: „Der Herr breche deinen Stolz!" Autsch. Das tat weh. Ehrlich gesagt hatte ich in dem Moment keine guten Gedanken über diesen Pastor. Aber im Laufe der nächsten Monate merkte ich, wie mein kritisches Denken über andere Menschen aufhörte. Ich fing an, in den Menschen das von Gott geliebte Geschöpf zu sehen. Natürlich sah ich auch viele Fehler bei den Christen. Aber mehr und mehr interessierte mich, was den Leuten wohl im Leben widerfahren sein mochte, dass sie so geworden waren. Dieses Bedürfnis, die Menschen so zu sehen, wie sie waren, und zu erfahren, weshalb sie so waren, das ist bis heute immer stärker geworden. Ich möchte Menschen nicht mehr verurteilen. Unsere eigenen Schwachheiten sind uns selbst meist die größte Last. Da brauchen wir nicht noch andere Menschen, die in offene Wunden greifen. Das würde den Schmerz nur noch größer machen, statt Hilfe und Heilung zu bringen.

In irgendeiner Kirche hing ein Text eingerahmt an der Wand: „Versuche nie, einen Menschen so zu machen, wie du selber bist, denn Gott weiß es – und du weißt es auch – einer von deiner Sorte ist genug."

Die Vielfalt unter uns Menschen ist doch wirklich

schön. Wieder und immer wieder bete ich, damit Gott mein Herz mit Liebe und Barmherzigkeit für die Schwachen und Elenden füllt, dass er mir Erkenntnis gibt über die jeweilige Situation des anderen und mir dann auch die göttliche Weisheit schenkt, damit ich sehen kann, welchen Weg Gott diesen Menschen führen will. Denn es geht nicht darum, was *ich* für richtig halte. Entscheidend ist der Plan Gottes für einen Menschen. Darum beten wir ja auch immer wieder: „Herr, dein Wille geschehe."

Monat für Monat ging ich nun in diese Gemeinde zum Lobpreisgottesdienst. Eines Tages saß ich mit dem Pfarrer im Hof auf der Bank. Er fragte mich, ob ich ein Moped hätte. Nein, das hatte ich nicht. Er meinte, dass er im Pfarramt meine Hilfe brauchen könnte. Das war schön zu hören. Freude stieg in mir auf. Wer hatte mich die letzten sieben Jahre, seit ich aus der Psychiatrie entlassen worden war, schon gebraucht? Mit öffentlichen Verkehrsmitteln war das Dorf aber nicht zu erreichen. Bisher hatten mich andere Christen immer mit dem Auto zu den Gottesdiensten mitgenommen. Deshalb bat ich Jesus, mir zu einem Moped zu verhelfen. Keine zwei Wochen dauerte es, bis mich jemand fragte, ob ich ein Moped gebrauchen könnte. Ich habe mich so sehr gefreut!

Nun konnte ich jeden Tag ins Pfarramt fahren. Jeden Tag durfte ich in einer Familie sein, jeden Tag etwas Nützliches tun. Jeder Tag hatte einen Sinn. Materiell ging es mir sehr schlecht zu dieser Zeit. Nach der Scheidung war mir nur sehr wenig geblieben. So freute ich mich über alles, was mir die Pfarrersleute schenkten. Es störte mich recht wenig, dass es gebrauchte Dinge waren. Die waren allemal besser als das, was ich hatte. Erst wollte ich das nicht annehmen, weil es eigentlich Spenden für die Menschen in der Ukraine waren. Aber ich lernte recht bald: Wer im Reich Gottes arbeitet, ist auch seinen Lohn aus dem Reich Gottes wert. Das hieß konkret, dass ich früh, mittags und nachmittags mit am Esstisch der Pfarrersfamilie saß. Das war eine große finanzielle Hilfe für mich. (Natürlich meine ich nicht, dass man sich nimmt, was einem gefällt. Auch Hilfsgüter sind Spenden, Sachspenden, mit denen genauso sorgsam umgegangen werden muss wie mit Geldspenden.)

Das Materielle war aber nur das eine. Was auch sehr wichtig für mich war, waren die sozialen Kontakte. Nach all den schweren Jahren fehlte mir das Vertrauen zu anderen Menschen. Hier im Pfarramt sollte ich es wiederbekommen. Mir tat das alles so gut. Wann immer ich wollte, konnte ich zum Pfarrer ins Amtszimmer gehen, um zu reden. Einmal ging ich einfach zu ihm und fragte, ob er mir ein bisschen vom Heiligen Geist erzählen könnte. Ich setzte mich an den warmen Kachelofen. Er legte seinen Stift aus der Hand, drehte sich zu mir und erzählte, wie der Heilige Geist in uns wohnt und uns ganz erfüllen will, wenn wir ihn darum bitten. Ja, das wollte ich. Da legte er mir in seiner gewohnten Weise die Hände auf und betete. Oh, was war das? Aus meinen Mund kamen lauter komische Wörter. Ich musste lachen und brabbelte einfach vor mich hin. Dann ging ich wieder an meine Arbeit. Gott hatte mir die Gabe des Zungenredens geschenkt, ein Zeichen, dass die Kraft des Heiligen Geistes in mir wirksam war.

Auf diese Weise bekam ich einen wunderbaren geistlichen Vater. Und seine Frau wurde mir eine wertvolle geistliche Mutter.

Im Pfarramt tat ich die verschiedensten Dinge. Ich putzte die Kirche, wusch das Geschirr ab, brachte Kindern das

Flötespielen bei, packte Hilfsgüter für die Ukraine ein, machte Büroarbeit und was eben alles anfiel.

Vor jedem Lobpreisgottesdienst putzte ich mit besonders viel Liebe die Kirche. Aber das Erste, was ich tat, war: Ich setzte mich auf den Teppich im Altarraum und betete. Jedes Mal spürte ich eine enorme Gegenwart Gottes. Ich konnte nicht genug bekommen, Jesus zu sagen, wie lieb ich ihn habe. Ich betete für jene, die zum Gottesdienst kommen würden. Die Leute kamen Mitte der 1990er-Jahre aus einem Umkreis von 200 Kilometern zu diesem Gottesdienst. Es waren bis zu zweihundertfünfzig Besucher, und das in einer Dorfkirche, die mit keinem öffentlichen Verkehrsmittel erreichbar war. In unserer Gemeinde gab es seit 1982 bereits Lobpreis, zu einer Zeit, wo es nicht einfach war, Overheadprojektor, Noten und Texte durch den Eisernen Vorhang in die DDR zu bringen. Es kam durch, weil Christen aus den westlichen Bundesländern den Mut hatten, es uns zu bringen. So war diese kleine Gemeinde die erste in Ostdeutschland, wo mit modernen Anbetungsliedern Lobpreis gesungen wurde. Noch während der Deutschen Teilung hatte der Heilige Geist mit solcher Kraft gewirkt, dass während des Singens und Betens Leute in der Kirchenbank auf die Knie gingen. Als der Erste umgefallen war, hatte der Pfarrer die Dorfärztin geholt, um sicherzustellen, dass es jedem gut ging, denn er hatte solche Kraftwirkungen nur in den 1970er-Jahren bei Gerhard Küttner in Bräunsdorf/Sachsen kennengelernt.

Mein Kind im Himmel

Nach dem Gottesdienst gab es bei uns immer die Möglichkeit zur Segnung. Und wieder einmal ging ich nach vorn. Denn während der Predigt erinnerte Gott mich: Als ich verheiratet war und bereits ein Kind von zehn Monaten hatte, brach ich mir beide Beine. Die medizinische Perspektive war der Rollstuhl. In den drei Monaten, als ich beide Beine in Gips hatte, kam ich dennoch einmal mit meinem Mann zusammen – und wurde schwanger. Wir konnten in der DDR auch schon 1979 abtreiben. Für mich war das aber keine Option. Doch mein Mann ließ keinen Zweifel daran, dass er mit einer Frau im Rollstuhl und einem kleinen Kind genug gefordert war. So ging ich den bitteren Weg und ließ das Kind töten. Es gab keine Beratung vor der Abtreibung, es wurde eben einfach gemacht. Darüber gesprochen wurde nicht, auch nicht hinterher in unserer Familie. Ich war keine Christin, aber ich wusste, unter meinem Herzen war ein Kind, war Leben. Und genauso klar war hinterher, dass ich ein Kind hatte umbringen lassen. Nach der Abtreibung saß ich nicht mehr im Rollstuhl, ich konnte wieder gehen. Aber das Kind war tot.

An diese Geschichte erinnerte mich Gott jetzt während der Predigt. Mein Pfarrer hatte neun Kinder. Und ich musste nun nach vorn gehen und ihm sagen, dass ich ein Kind hatte umbringen lassen, dass ich eine Mörderin war. Es fiel mir unglaublich schwer und ich stotterte: „Ich habe das Leben nicht verdient, ich bin eine Mörderin. Ich habe ein Kind abgetrieben, das hat doch gelebt und ich habe es ermorden lassen. Ich habe nicht das Recht zu leben."

Er kniete mit mir am Altar nieder und forderte mich auf, es noch einmal zu sagen. Wieder sagte ich weinend: „Oh mein Gott, ich habe nicht das Recht zu leben, ich bin eine Mörderin, ich habe ein Kind, das du in meinen Mutterschoß gelegt hast, ich habe es umbringen lassen. Gott, ich habe deine Gerechtigkeit verdient, aber nicht deine Gnade." Ich lag längst auf meinem Angesicht. Ich hätte nicht mehr gewagt, den Kopf zu Gott zu erheben.

Mein Pfarrer legte mir die Hand auf den Rücken und bat Gott, mir im Namen von Jesus diese schlimme Sünde zu vergeben. Ich lag noch eine ganze Weile unterm Kreuz, bis ich den Trost von Jesus spürte. Er hatte mir vergeben.

Froh war ich hinterher aber nicht. Meine Tochter hatte mich jahrelang immer wieder gefragt, weshalb sie ein Einzelkind war. Nie hatte ich ihr die Wahrheit gesagt. Aber jetzt fand ich, sie hatte ein Recht auf die Wahrheit über ihr Geschwisterkind. So bat ich Gott, eine Gelegenheit zu schaffen, dass ich ihr sagen konnte, dass sie kein Einzelkind war. Als sie siebzehn Jahre alt war, saßen wir zu Hause am Esstisch. Wieder ihre Bemerkung: „Schade, dass ich ein Einzelkind bin."

„Jacqueline, nein, du bist kein Einzelkind, du hast ein Geschwisterchen."

Große Augen starrten mich an. „Wo ist mein Geschwisterchen?"

Ich fing an zu weinen: „Ich habe das abgetrieben, als ich im Rollstuhl saß und du noch ein Baby warst. Papa hätte es mit unserer Familie nicht mehr schaffen können." Ich schaute sie an und fragte weinend: „Kannst du mir das jemals vergeben?"

Nun weinte sie auch. Sie stand von ihrem Stuhl auf, kam zu mir und nahm mich in den Arm. „Mama, wenn Jesus dir das vergeben hat, dann kann dich kein Mensch dieser Welt mehr anklagen. Mama, unser Kind ist nicht tot. Das tanzt im weißen Kleid vor dem Thron Gottes und betet für uns. Mama, ich bin ja gar kein Einzelkind. Nur schade, dass ich nicht weiß, ob ich ein Brüderchen oder ein Schwesterchen habe, aber ich bin nicht allein. Mama, bitte sei nicht mehr traurig, Jesus hat unser Kind doch gerettet!"

Welch tröstende Worte eines siebzehnjährigen Teenagers! So etwas konnte nur Gott durch sie gesagt haben. Es war wirklich ein sehr besonderer Moment für mich. Und tatsächlich war ich nie mehr traurig deshalb. Auch Selbstvorwürfe, wie ich sie mir jahrelang gemacht hatte, waren vorbei. Ich hatte Vergebung von Gott und meiner Tochter. Und meinem Mann haben wir das auch vergeben. Seine Forderung war in unserer Situation sehr verständlich gewesen. Gott hätte eine Lösung für uns gehabt, davon bin ich heute fest überzeugt, aber wir kannten Gott ja nicht, hatten mit Glauben nichts am Hut. Deshalb war es aber wichtig, dass wir, meine Tochter und ich, meinem Mann vergaben.

Segen empfangen und weitergeben

Monat für Monat schaute ich dem Pfarrer zu, wie er die Leute segnete. Ich fragte Jesus immer wieder, wie der Pfarrer das nur machte, dass er für jeden etwas hörte und den Leuten sagte. Und immer, aber auch immer kamen die Leute traurig oder niedergeschlagen zu ihm und gingen voller Zuversicht und Hoffnung wieder weg. Im Laufe von sieben Jahren sah ich viele Hundert Menschen, die großartig gesegnet wurden. Sehr viele wurden von Krankheiten geheilt. In mir wuchs der Wunsch, das auch zu können, einfach weil man damit viele Menschen wirklich glücklich machen und ihnen helfen kann, auf einem guten Weg mit Jesus weiterzugehen.

Es kam der Tag, an dem ich wieder in sein Amtszimmer ging und fragte: „Pfarrer, wie knüpfst du die Telefonleitung zu Gott, um so genau für alle, die zu dir kommen, zu hören und sie dann zu segnen? Ich möchte das auch können."

„Weshalb möchtest du das können?", fragte er mich.

Ich antwortete ihm: „Weil man damit so sehr viele Menschen glücklich und sogar gesund machen kann. Etwas Schöneres gibt es doch gar nicht."

Wie immer horchte er einen Moment in sich hinein, besser gesagt, er hörte auf den Heiligen Geist, dann sagte er mir: „Du wirst es können, aber nur durch Demut."

Damit dachte ich sofort wieder daran, dass mein Stolz gebrochen werden sollte. Nun begriff ich, dass auch unbequeme Dinge, die uns gesagt werden, sehr segensreich sein können. Aber in jedem Fall sind Segensworte, die von Gott kommen, immer gut für uns, nur eben nicht immer bequem. Manchmal korrigieren sie uns auch, aber immer, ausnahmslos immer, ermutigen sie uns auf unserem weiteren Weg im Glauben.

Anfangs hatte ich ein bisschen Hemmungen, andere zu segnen. Was, wenn ich sie verletzen würde, weil ich nicht barmherzig und sanft genug mit meinen Worten war? Ich wollte ja auch nicht, dass andere „Eindrücke von Gott" über mich hatten und ich dann die seelischen „Druckstellen" bekam. Solche Erfahrungen hatte ich machen müssen. Es waren wirklich Lehrstunden von Gott für mich. Dinge aus meinem Leben, die ich längst vor Gott in Ordnung gebracht hatte, „hörte" plötzlich ein anderer und meinte etwa, mir sagen zu müssen, dass ich adoptiert worden sei. Gott hätte ihm das gesagt. Das stimmte natürlich überhaupt nicht.

Wenn uns irgendjemand in gar „frommer" Weise etwas Schlimmes aus unserem Leben sagt, sollten wir das energisch zurückweisen. Das ist seelischer Einbruch, das ist verboten! Ich habe gelernt: Alles, was gut für uns ist, aus unserem Leben zu wissen, wird Gott uns zum richtigen, für uns persönlich guten Zeitpunkt selbst offenbaren.

Es gibt natürlich die Möglichkeit, dass ein Bruder oder eine Schwester in Christus uns Dinge bestätigt, die wir schon wissen. Das ist wirklich ein Segen und manchmal sehr hilfreich. So kam einmal eine Schwester und fragte mich: „Kannst du dir vorstellen, dass du einmal …" Ja, das konnte ich mir vorstellen, denn ich hatte schon längere Zeit vorgehabt, mich darum zu kümmern. Nun wusste ich, dass der richtige Zeitpunkt gekommen war.

Es braucht wirklich Weisheit, damit umzugehen. Nicht jeder hat die Gabe der Erkenntnis und Weisheit, aber es gibt immer wieder jene, die sie gern hätten. Wenn der Heilige Geist mir die Wahrheit sagt, auch wenn sie unangenehm ist, dann packt er das nicht in Geschenkpapier und tut so, als machte er mir eine Freude. Nein, der Heilige Geist sagt mir immer sehr direkt die Wahrheit. Aber er verletzt mich nie! Das wollte ich lernen!

Ja, ich lernte es, aber nur durch Demut. Immer und immer wieder musste ich zuerst mein eigenes Leben vor Gott bereinigen, ehe ich anderen irgendetwas Korrigierendes sagen durfte. Jesus erinnerte mich immer wieder daran, wenn ich mit anderen Menschen ehrlich umgehen wollte, dass ich dann zuallererst mit mir selbst ehrlich umgehen musste. Anders geht das nicht. Dieser Weg ist eine sehr gute Art und Weise, um sich selbst nicht über andere Menschen zu erheben und andere einfach nur zu kritisieren.

Ich hatte gebetet: „Herr Jesus, bitte schenke mir Liebe für schwierige Menschen, schenke mir Barmherzigkeit und Sanftmut für sie und hilf mir, demütig zu werden." Daraufhin hatte ich manche schwierige Begegnung mit anderen Menschen. Es war wirklich demütigend, was ich mir manchmal anhören musste. Ich musste lernen, auf mein Recht zu verzichten, Unrecht und unbegründete Kritik zu ertragen. So kam eines Tages ein Bruder im Glauben zu mir und sagte: „Gestern Abend hat ein Pfarrer öffentlich über dich gesagt, dass du noch viel Veränderung brauchst." Er fühlte sich sichtlich gut, mir zu sagen, dass ich nicht okay sei.

Ich antwortete ihm: „Da hat er ja recht, ich brauche auch noch viel Veränderung; aber wer braucht das nicht?" Es tat schon weh, dass ein Pfarrer, mit dem ich seit zehn

Jahren herzlich verbunden war, nun öffentlich üble Dinge über mich sagte. Nicht nur über mich, sondern auch über andere Christen seines Umfeldes. Aber Gott sorgte auch dafür, dass dieser Pfarrer das nicht noch öfter tun konnte, nicht nur mit mir nicht, sondern auch nicht mehr mit anderen Christen seines Umfeldes. Er wurde kurze Zeit später sehr krank und musste für immer aus dem Pfarrerdienst ausscheiden.

Ja, ich brauchte diese Erlebnisse. Sie sollten mich vor Stolz schützen. Wie oft musste ich hören, dass ich eine außergewöhnliche Persönlichkeit sei, die man nur sehr selten trifft, bis ich stolz bis über die Ohren würde? Jedes Mal antwortete ich das Gleiche: „Ich bin einer der schlimmsten Sünder, die unser Land hat. Ich habe als Pädagogin und Parteigenossin so viele Kinder und Erwachsene mit dem Kommunismus verführt. Ich habe eine Regierung unterstützt, die unendliches Leid über viele Menschen gebracht hat. Wenn ich heute ein Kind Gottes bin, dann ist das allein die Gnade Gottes, die das mit mir gemacht hat. Ich bin nicht mehr als ein begnadeter Sünder. Für diese Gnade in meinem Leben bin ich sehr dankbar und ich freue mich, dass Jesu Licht in meinem Leben für andere Menschen sichtbar ist. Aber mehr bin ich nicht." Am Ende sind wir reich gesegnet, wenn wir allein unserem Vater im Himmel und seinem Sohn Jesus die Ehre gegeben haben. „Und alles, was ihr tut mit Worten oder mit Werken, das tut alles im Namen des Herrn Jesus und dankt Gott, dem Vater, durch ihn" (Kolosser 3,17). Ich liebe Jesus zu sehr, als dass ich *vor* ihm stehen möchte.

Angriff und Befreiung

Im Sommer 1996 saß ich zu Hause, schaute meine Bibel an und dachte plötzlich: „Das ist genauso eine Schwarte wie die Bücher von Karl Marx." Ich war sogar der Meinung, dass ich das beweisen könnte. Ich rief meinen Pfarrer an und sagte ihm das, und betonte noch mal, dass ich es beweisen könnte. „Ja, komm und beweise es mir", war seine Antwort.

Ich setzte mich sofort auf mein Moped und fuhr ins Pfarramt. Dort öffnete ich die Tür zum Amtszimmer. Aber noch ehe ich „Guten Tag" sagen konnte, sagte der Pfarrer: „Komm, Heiliger Geist, und leite uns in alle Wahrheit." Bums, da lag ich schon am Boden und zitterte. Dann fing mein Pfarrer an, für mich zu beten. Er gebot den finsteren Mächten zu gehen. Aber die gingen noch nicht. Irgendetwas war mit mir passiert, wodurch finstere Mächte in mein Leben gekommen waren.

Mein Pfarrer hörte auf zu beten und half mir auf die Füße. Dann sagte er mir, dass wir noch einmal ernsthaft beten müssten. Aber dazu war es notwendig, noch einen anderen Amtsbruder hinzuzuziehen. Ich bat inständig, dass sie das bald taten, denn ich konnte nicht mehr den Namen Jesus aussprechen, ohne dass ich hinfiel und mir ernsthaft wehtat. Jeden Tag rief ich beide Pfarrer an und fragte, wann wir miteinander beten könnten. Ich musste ein paar Tage warten, da beide vorher fasten und beten wollten.

Dann endlich fuhren wir ins Pfarramt und gingen in die Kirche. Wir fingen an und lobten Gott. Ich wagte nicht zu beten, denn ich wollte nicht wieder hinfallen und mir wehtun. Doch beide Pfarrer forderten mich dazu auf. Etwas trotzig sagte ich: „Herr Jesus, ich ..." Weiter ging es nicht, weil ich diesmal sogar ein Stück von den finstern Mächten hochgehoben wurde. Ein Pfarrer fing mich auf, dann lag ich auf dem Boden, hatte Schaum vor dem Mund und zitterte am ganzen Körper. Dann konnte ich auch nicht mehr atmen, aber ich war bei vollem Bewusstsein und hörte alles, was sie beteten.

Sie riefen nach Jesus, dass er mich befreien möge, und sie geboten auch den finstern Mächten, mich zu verlassen. Dann sagte einer von ihnen: „Die Karin wird blau, die atmet nicht mehr!"

Ich konnte ihn aber anschauen. Doch jetzt bekam ich auch Angst. Ich hatte das Gefühl, dass ich jeden Moment bewusstlos werden könnte. Da betete ich in meinem Herzen: „Herr Jesus, mach mich jetzt frei oder hole mich heim." Sekunden später merkten wir alle drei, wie nicht nur ein Dämon plötzlich ausfuhr: Die Kirchentür sprang auf und sie waren raus. Ich konnte wieder atmen und schnappte wie ein Karpfen nach Luft.

Beide Pfarrer lobten und priesen laut Gott. Dann rappelte ich mich langsam auf. Ich war so erschöpft, dass ich noch nicht wieder stehen konnte. Aber auf meinen Knien pries ich Gott mit lauter Stimme. Ich fing an zu singen: „Ich bin frei, ich bin frei, hab Dank dafür, Herr Jesus Christ."

Damals galt ich ja noch als Epileptikerin und nahm auf Anraten des Arztes entsprechende Medikamente. Der Pfarrer meinte nun nach dem befreienden Gebet, dass ich jetzt auch keine Medikamente mehr nehmen müsste.

Noch heute bin ich Gott dankbar für die Weisheit, in rechter Weise zu antworten: „Gott hat mir schon so viel gesagt. Ich erwarte von Gott, dass er mir das selbst sagt. Wenn ich diese Medikamente ohne Gottes Willen sofort weglasse, kann das meinen Tod bedeuten. Keinem Herzkranken wird man nach dem Gebet sagen, er solle die Herztabletten weglassen. Nein, Pfarrer, ich warte auf Gott."

Mit meiner heutigen Erfahrung kann ich sagen, dass dies die beste Antwort war, die ich geben konnte, auch wenn mein Pfarrer nicht gerade froh war darüber. Es dauerte drei Monate, dann sagte Gott im Gottesdienst, während der Predigt, zu mir: „Genug, ich bin dein Arzt."

Ich stand aus der Kirchenbank auf und lief nach vorn, ging vor dem Altar auf meine Knie und sagte laut: „Ich brauche keine Tabletten mehr. Der Herr hat mich geheilt!" Dann sprang ich auf, rannte aus der Kirche und lief immer um die Kirche herum. Ich war völlig aus dem Häuschen. Ich lobte Gott, schrie meine ganze Freude aus mir heraus. Dann ging ich wieder in die Kirche und setzte mich auf meinen Platz. Ich weinte vor Freude. Von der Predigt bekam ich an diesem Tag nichts mit. Es war der 29. September 1996, ein unvergesslicher Tag.

Noch am selben Abend ließ ich die Medikamente weg. Einerlei war mir das nicht. Ich informierte meinen Pfarrer, er betete für mich und wir telefonierten jeden Tag. Dennoch ging es mir von Tag zu Tag schlechter. Am neunten Tag rief mich eine Frau an und erzählte, dass in der Stadt eine Epileptikerin gestorben sei, weil sie einfach ihre Medikamente abgesetzt hatte. Na toll! Ich fragte, was für Medikamente sie genommen hatte. Es war der gleiche Wirkstoff, den ich auch vom Arzt bekommen hatte. Sie starb am zehnten Tag.

Nun hatte ich richtig Angst. Ich rief meinen Pfarrer an und wir vereinbarten, dass er mich abholen würde. Der Anlass war der Besuch eines Bruders aus der Schweiz, der mit Drogenabhängigen arbeitete. Wir beteten alle miteinander und ich wurde wieder sicher und hatte Frieden. Ich wusste, ich war in den schützenden Händen Gottes geborgen.

Die Tage vergingen und ich fühlte mich immer besser. Ich konnte wieder nachts zu Hause sein. Tagsüber erledigte ich wie immer im Pfarramt meine Aufgaben. Und die Bibel war wie schon zuvor das schönste Buch, das ich kannte.

Versöhnung und Berufung in Jerusalem

Im Oktober sagte mein Pfarrer, dass im Januar 1997 in Jerusalem eine große Konferenz mit Gustav Scheller stattfinden würde, wo Christen von vier Kontinenten dabei sein würden. Sofort sagte ich: „Da muss ich hin. Ich brauche Ostern, Weihnachten, zum Geburtstag nichts, aber da muss ich hin!" Ich hatte nicht mal hundert Mark auf meinem Konto und hätte mir niemals eine solche Reise leisten können.

Anfang Dezember, an einem Donnerstag, sagte mein Pfarrer mir, dass er am Montag tausend DM von mir bräuchte. Ich antwortete einfach: „Ja, ich bring die mit", und ich hatte gerade mal hundert DM auf meinem Konto.

Freitag rief mich meine Tochter an und sagte: „Mama, der Herr Jesus hat gesagt, dass ich dir tausend Mark überweisen soll." Mir verschlägt es selten die Sprache, aber da hatte ich keine Worte mehr. Sie sagte es noch mal.

Ich fragte nun zurück: „Das hat richtig der Herr Jesus so zu dir gesagt?"

„Ja, Mama!"

Ich fragte weiter: „Was willst du jetzt machen?"

„Na", sagte sie, „ich habe dir das jetzt gerade überwiesen."

Ich konnte es kaum fassen. Aber ich war in diesem Moment sehr glücklich. Nicht wegen des Geldes, sondern weil meine Tochter Gottes Stimme hören konnte und auch gehorsam war. Beides ist *die* Voraussetzung, um Jesus nachzufolgen. Aber wir werden nur dann Gottes Stimme hören, wenn wir auch ernsthaft gehorsam sein wollen. Wir können uns nicht aussuchen, wollen wir tun, was Gott sagt, oder lassen wir es bleiben, weil es uns nicht behagt. Wie entschieden wir wirklich gehorsam sein wollen, das sieht allein Jesus in unseren Herzen. Wir sollten uns hüten, diesbezüglich andere zu beurteilen. Die Forderung an meine Tochter, tausend DM an mich zu schicken, war doch eine ziemliche Herausforderung für sie. Sie war erst achtzehn Jahre alt, hatte wirklich schwere Dinge erleben müssen und war nun so sehr eng mit Jesus verbunden. Auf ihrem Leben lag inzwischen ein großer Segen. Darüber freute ich mich am allermeisten.

Dann erzählte ich ihr, wozu ich die tausend DM brauchte. Da war dann auch meine geliebte Tochter platt. Schlussendlich haben wir uns beide gefreut. Sie hat diese tausend Mark nie von mir zurückbekommen, sie hat es auch nie verlangt. Denn es war kein geborgtes Geld, sondern eine Spende von ihr, und die gibt man nicht zurück.

Bevor wir nach Israel flogen, sagte mein Pfarrer mir noch etwas Wichtiges: „Gott wird dir in Israel sehr deutlich deine Berufung zeigen." Spannender konnte es kaum werden. Es war das erste Mal, dass ich in einen Flieger stieg. Ich freute mich riesig darauf, das Heilige Land zu sehen. Zwei Jahre zuvor hatte ich Juden in der Ukraine getroffen, nun würde ich sie in Israel wiedersehen.

Schon am zweiten Tag der Konferenz kam eine Schwester aus Deutschland zu mir und sagte: „Karin, hier ist ein Mann, der hat eine ähnliche Vergangenheit wie du. Würdest du ihn treffen wollen?" Nun, wenn jemand eine Vergangenheit wie ich hat, dann gibt es immer zwei Möglichkeiten: Entweder hat er eine kommunistische Vergangenheit oder er ist verfolgt und eingesperrt worden, so wie ich. Deshalb habe ich erst mal mit meinem Pfarrer gesprochen. Dann stellte sich heraus, dass dieser Mann einst Musikdirektor eines renommierten Orchesters in der DDR war. Er durfte damals sogar nach Westeuropa reisen. Dann sollte er die Nationalhymne der DDR dirigieren, was er ablehnte. Daraufhin wurde er von der Stasi zu Gesprächen geladen. Und schlussendlich brachte man ihn in das berüchtigte Stasigefängnis nach Bautzen. Von dort wurde er nach langer Haft von Westdeutschland freigekauft. Er fand eine Frau und heiratete. Alles schien gut zu werden. Aber was oft deutlich unterbewertet wird, sind die seelischen Folgen, die bleiben, wenn jemand solch schreckliche Dinge erleben musste. Und Bautzen war zweifellos eines der grausamsten Gefängnisse in der DDR.

In den alten Bundesländern merkte er sehr schnell, dass er kaum einen Menschen fand, dem er seine schrecklichen Erlebnisse erzählen konnte, einfach weil so etwas keiner verstehen kann, der damit noch nie konfrontiert wurde. Aber um seelische Heilung zu finden, ist das einfach notwendig. Er wurde Christ. Nun war er in Jerusalem, der Heiligen Stadt, dem Nabel der Welt.

Man erzählte ihm, dass eine Frau auf der Konferenz war

mit einer kommunistischen Vergangenheit. Da rastete er aus: „Diese Schweine verfolgen uns bis in die heiligste Stadt der Welt. Zeigt mir die, und ich hänge sie vor der Tür am Laternenmast auf!"

Wir spürten, dass eine persönliche Begegnung nicht mehr so einfach möglich war, und beteten gemeinsam für diesen Mann, drei Tage lang. Dann vereinbarte mein Pfarrer für mich ein Treffen mit ihm und seiner Frau und auch mein Pfarrer würde dabei sein. So saßen wir uns gegenüber. Seine Frau hielt ihn am Arm fest und er selbst versuchte am Stuhl Halt zu finden. Er raste vor Angst und Wut und fragte mich: „Habt ihr gewusst, was die mit uns machen?"

„Nein", sagte ich, „in der DDR habe ich von Bautzen nichts gewusst." Und in der Tat war ich absolut ahnungslos im Blick auf die schrecklichen Dinge, die Menschen angetan worden waren. Er konnte das einfach nicht glauben. Ich begann mich zu rechtfertigen, indem ich sagte, wie man mich misshandelt hatte, und zeigte die großen Narben an meinem Arm. Nichts half. All sein Schmerz über die Partei und die Stasi der DDR brach aus ihm heraus. Ich war die erste Person aus der DDR nach seinem Freikauf, die er getroffen hatte. Und nun prasselte sein ganzes Entsetzen auf mich herab, als wäre ich Honecker oder Mielke persönlich. Heute kann ich das verstehen, damals war ich einfach nur hilflos.

Plötzlich erinnerte ich mich an Corrie ten Boom, wie sie einmal in einer Kirche in Deutschland einen Aufseher aus dem KZ Ravensbrück traf, der sie um Vergebung bat. Ich hatte dieses Buch „Mit Gott durch dick und dünn" als eines der ersten christlichen Bücher gelesen. Als ich damals die Geschichte las, dachte ich: „Wenn einmal die Personen kommen, die mich seelisch und körperlich misshandelt haben, die meine Familie zerstört haben, dann brauche ich die Kraft wie Corrie ten Boom, die einst im KZ Ravensbrück war und dort ihre Schwester sterben sah.

Ich sah mich damals, in Jerusalem 1997, nur als Opfer. Ein Täterbewusstsein hatte ich zu diesem Zeitpunkt immer noch nicht in dem Maße, wie es notwendig war. Aber nun, als ich diesem Musikdirektor in Jerusalem gegenübersaß, brach plötzlich mein Opfersein total zusammen. Nun begann ich zu begreifen, dass ich in der Position des Täters war, der um Vergebung bittet, nicht das Opfer, bei dem man sich entschuldigen müsste. Ich rutschte von meinem Stuhl auf meine Knie und begann zu weinen. Dann schaute ich den Mann an und sagte: „Ich bitte Sie im Namen aller Kommunisten und Stasileute um Vergebung. Ich kann nichts wieder ungeschehen machen. Aber ich will Ihnen helfen, wenn dies möglich ist. Bitte vergeben Sie mir und vergeben Sie den Menschen, die Ihnen das angetan haben."

Nun waren wir alle vier auf dem Boden und weinten, denn auch mein Pfarrer war in der DDR sehr stark unter dem Druck des Staates gewesen. Wir beteten gemeinsam. Wir dankten Gott für das Wunder der friedlichen Revolution. Wir beteten für die Opfer um Trost und Heilung; und auch für die Täter, für die vielen Verbrecher des DDR-Regimes, dass ihnen bewusst wird, welche schrecklichen Auswirkungen ihr Tun hatte.

Ich hatte meine Berufung verstanden. Aber leicht war das Erlebnis für mich nicht, denn nach wie vor waren die körperlichen und seelischen Verletzungen bei mir groß.

Aber ich wurde immer wieder von Jesus getröstet. In Jesu Armen wurde ich von Monat zu Monat, von Jahr zu Jahr seelisch und körperlich gesünder. Und einen geistlichen Vater an meiner Seite zu haben, wie mein Pfarrer es war, das war ein großer Segen für mich.

Einmal mehr hatte ich erfahren, wie wahr die Bibel ist mit allem, was darin steht. „Weisung wird ausgehen von Zion und das Wort des Herrn von Jerusalem" (Micha 4,2). Ja, ich war nach Jerusalem gegangen und dort hat der Herr Jesus mir gezeigt, was künftig meine Aufgabe sein würde: Mich um die Opfer und die Täter der kommunistischen Diktatur zu kümmern; den Menschen ein Zeugnis für Gottes Größe zu sein, damit die Menschen erkennen können, dass Gott in jedes Leben positiv eingreifen und einen Menschen völlig verändern kann. Nichts ist unmöglich bei Gott.

Vergeben oder Vergelten

Etwa zu dieser Zeit fragte mich Jesus, ob ich den Menschen nicht vergeben wollte, die mir in meinem Leben wehgetan hatten, die mich in meiner Seele und auch körperlich verletzt hatten. Nein, dazu war ich nicht bereit, ich wollte das nicht. Ich war der Meinung, dass solche Verbrecher wie in der Psychiatrie mich um Vergebung bitten müssten, und außerdem wäre die Hölle für solche Leute gerade der richtige Ort.

Einige Zeit verging und ich las wie jeden Tag in meiner Bibel. Wieder einmal war ich im Matthäusevangelium im sechsten Kapitel, wo das Vaterunser steht. Ich kannte es längst auswendig. Doch diesmal stutzte ich. „Vergib uns unsere Schuld, so wie wir vergeben unseren Schuldigern."

Mir ging durch den Kopf: „Gott soll mir meine Sünden *so* vergeben, wie ich bereit bin, denen zu vergeben, die an mir schuldig geworden waren?" Nein, das wollte ich nicht. Bis dahin glaubte ich, dass Jesus für meine Sünden am Kreuz gestorben war. Weil ich das glaubte, war mir dadurch vergeben. So dachte ich jedenfalls. Aber nun wurde ich stutzig. Hing an der Sündenvergebung eine Bedingung, nämlich die, dass ich anderen vergeben müsste, die mir Unrecht getan hatten?

Ich las weiter. Im Vers 14 steht: „Denn wenn ihr den Menschen ihre Verfehlungen vergebt, so wird euch euer himmlischer Vater auch vergeben." Also doch eine Bedingung? Als hätte Jesus meine Frage gehört und antworte mit dem nächsten Vers 15: „Wenn ihr aber den Menschen nicht vergebt, so wird euch euer Vater eure Verfehlungen auch nicht vergeben." Das war hart! „Nein", dachte ich, „das kann nicht von Jesus kommen. Das verlangt er nicht von mir, das kann er gar nicht verlangen. Ich muss nicht Menschen vergeben, die solch böse Dinge getan haben. Die haben es niemals verdient, in den Himmel zu kommen."

Ich fing sogar an zu vermuten, dass böse Menschen das in die Bibel mit reingeschrieben haben könnten. Aber nein, in meinem Innersten wusste ich, dass alles, was in der Bibel steht, Gott wollte und selbst dafür gesorgt hatte, dass verlässliche Menschen es genau so aufgeschrieben hatten, wie es sein Wille war.

Ich war ratlos und dachte: „Hat mich Jesus wirklich lieb, wenn er so etwas Unmögliches von mir verlangt? Das kann doch nicht Gottes Gerechtigkeit sein." In meinem Herzen hörte ich wieder die Stimme von Jesus, wie er sagte: „Ja, Karin, ich möchte, dass du vergibst." An dieser Forderung zerbrach fast meine Freundschaft mit Jesus. Ich konnte es nicht fassen, dass Menschen, die so schreckliche Dinge getan hatten, die Gnade Gottes verdient haben sollten. Zu dem Zeitpunkt hatte ich noch längst nicht alles in der Bibel gelesen, eben auch nicht den 1. Johannesbrief. Dort steht im 2. Kapitel, Vers 2: „Jesus ist die Versöhnung für unsere Sünden, nicht allein aber für die unseren, sondern auch für die der ganzen Welt." Wenn ich das verstanden hätte, dann wäre mir vieles klarer geworden.

Eines Tages fragte Jesus mich wieder, ob ich denn nicht vergeben wollte. Ich weinte einfach nur und hatte keine Antwort. Denn theoretisch war mir klar: Entweder ich vergab den anderen oder mein Platz im Himmel war nicht sicher. Noch schlimmer war mein Vorwurf an Jesus: „Wenn diese Verbrecher am Ende ihres Lebens dich bitten, ihre Sünden zu vergeben, dann tust du das. Und nur, weil ich diesen Leuten nicht verzeihen kann, was sie meiner Familie und mir angetan haben, komme ich nicht in den Himmel!" Ich hatte schwere innere Kämpfe.

Eines Tages saß ich morgens wieder mit meiner Bibel und las. Da hatte ich plötzlich ein Bild vor Augen: Ich sah mich am Abgrund zur Hölle stehen und der Herr Jesus stand hinter mir. Seine Hand war auf meinem Rücken und er fragte mich: „Soll ich schieben oder ziehen?"

Ich rief: „Oh Herr, bitte rette mich!" Jesus zog mich zurück, ich war gerettet.

Dann sah ich andere Menschen am Rande zur Hölle stehen. Ich kannte sie alle. Es waren all jene Menschen, die mir in meinem Leben Unrecht getan hatten, von der Kindergärtnerin bis zu denen, die mich misshandelt hatten. Und da standen auch meine Eltern. Ich stand hinter diesen Leuten.

Da fragte mich Jesus: „Willst du schieben oder ziehen?"

Noch ehe ich antworten konnte, entstand zwischen den Leuten eine Lücke, sodass ich dazwischen stehen konnte. In diesem Augenblick verstand ich, dass es allein Gottes Gnade für mich war, dass Jesus mich nicht den Abgrund hinuntergeschoben hatte. Ich sagte: „Herr Jesus, rette du sie alle und hilf mir, dass ich jedem Einzelnen mit aufrichtigem Herzen vergeben kann." Daraufhin wurden alle zurückgezogen und keiner stürzte in den Abgrund.

Ich saß drei lange Tage und hatte jeden Einzelnen vor Augen, wusste, was sie mir angetan hatten. Eine Kindergärtnerin hatte gesagt: „Immer bist du schuld!" Das hatte zur Folge, dass ich im Kindergarten immer Schuldgefühle hatte, wenn etwas passiert war. Ich vergab es ihr.

Da war ein Lehrer, der mir im neunten Schuljahr persönlich eine Nachhilfestunde gegeben und mir dabei an die Brust gefasst hatte. Ich vergab ihm. Und so ging es der Reihe nach. Wen ich nicht mehr mit Namen kannte, an den konnte ich mich aber erinnern, wenn ich ihn vor meinem inneren Auge sah. Es war bei jedem wie ein persönliches Gespräch. Ich sagte jedem einzeln, was er mir angetan hatte, und sagte: „Ich vergebe dir das, ich rechne es dir nicht mehr an. Gott segne dich. Und nun geh aus meinem Leben. Du hast nie mehr das Recht, meine Gefühle negativ zu beeinflussen."

Aber dann kam mein Vater. Nie hatte er sich um mich gekümmert, nie hatte er mich beschützt oder bei irgendetwas unterstützt. Es fiel mir schwer zu vergeben, aber ich tat es dennoch. Dabei merkte ich, dass Vergeben eine Willensfrage ist und nichts mit Können zu tun hat.

Und dann stand ich vor meiner Mutter. All der Schmerz kam in mir hoch, vor allem, wie sie mir als junges Mädchen einen Zahn ausgeschlagen hatte. Oh, ich weinte viele

Tränen. Ich hatte ein Foto von ihr in der Hand. Für einen Moment wollte ich es zerreißen. Doch dann sagte ich: „Mutter, ich danke dir, dass du mir alles gegeben hast, was du konntest. Du hast mich zu einem ordentlichen, fleißigen, sauberen Menschen erzogen. Du hast mich gelehrt, verlässlich zu sein. Ich konnte lernen und einen guten Beruf haben. Und du hast mich vor dem Tod in der Psychiatrie gerettet. Dafür danke ich dir. Du hast mich nie geliebt, aber Liebe hast du selber nie bekommen. Deshalb danke ich dir für alles, was du mir mit auf den Weg ins Leben gegeben hast. Du hast dein Bestes gegeben, auch wenn es für mich nicht genug war."

So habe ich mich von meiner Mutter verabschiedet, die ja bereits zehn Jahre vorher gestorben war, im Gegensatz zu meinem Vater, der noch lebte. Von dem Tag an habe ich meine Mutter geliebt, richtig ehrlich geliebt. Ich war in meinem Herzen mit meiner Mutter versöhnt.

Aber da waren immer noch die Krankenschwester und der Pfleger aus der Psychiatrie.

Warum haben Sie das getan?

Als ich diese beiden Personen vor mir sah, konnte ich nichts mehr sagen. Natürlich waren auf der Station viel mehr als nur diese eine Krankenschwester und der eine Pfleger. Aber diese beiden waren mir besonders in Erinnerung geblieben. Selbst ihre Namen habe ich nicht vergessen. Herr Becker war ein äußerst aggressiver Pfleger. Er war es, der mich in das Bett prügelte, wo die Matratze feucht vom Urin war und stank. Der sich auch sexuell an mir vergriff. Ich hatte ihn als äußerst unangenehm in Erinnerung. Die Schwester Brigitte Eismann dagegen war von allen die humanste. Wenn ich wieder mal fixiert war, löste sie im Spätdienst die Schnallen und ich konnte mich im Bett aufsetzen und sogar auf Toilette gehen. Sie sagte dann für gewöhnlich: „Aber Frau Bulland, Sie wissen, wenn vorn die Schlüssel klappern, dann müssen Sie sich sofort unter die Decke legen, sonst bekomme ich riesen Ärger."

Dann kam ein Tag, wo beide gemeinsam Nachtdienst hatten. Herr Becker fixierte mich am Bett, weil er nachts seine Ruhe haben wollte, so sagte er mir. So roh, wie er war, machte er die Schnallen sehr fest, sodass ich schon nach wenigen Minuten Schmerzen in den Händen und dann auch in den Armen hatte. Allmählich schwollen die Hände an.

Da ich noch im Beobachtungszimmer hinter einer Fensterscheibe zum Schwesternzimmer lag, wartete ich auf den Moment, wo Schwester Brigitte einmal durch die Scheibe zu mir sah. Ich versuchte ihr deutlich zu machen, dass sie bitte mal zu mir kommen möchte. Sie kam. Ich bat sie, die Schnallen an den Handgelenken zu lösen. „Die bleiben, wie sie sind", fauchte sie mich an und ging raus. Die Schmerzen wurden immer mehr und nach einigen Stunden machte ich mich laut bemerkbar. Beide, Herr Becker und Schwester Brigitte, saßen im Dienstzimmer und ich versuchte immer wieder, mich bemerkbar zu machen. Dann telefonierte Herr Becker und anschließend bekam ich eine Spritze. Dann schlief ich ein.

Am anderen Tag blutete mein linkes Handgelenk. Der Dorn der Schnalle hatte sich in mein Handgelenk gebohrt, daher das Blut. Meine Hände waren beide blau. Vor der Visite war die Fixierdecke weggebracht worden. Zur Visite sagte ich dann: „Wenn ich hier jemals lebend rauskomme, mache ich eine Anzeige wegen Körperverletzung."

„Wieso, weshalb, Frau Bulland … vielleicht bilden Sie sich alles ein?", sagte man mir.

Solche und ähnliche Dinge hatten ja nicht nur mich betroffen, sondern auch andere Patienten. So sind diese beiden Personen mir besonders in Erinnerung geblieben.

Nun hatte ich sie vor meinem inneren Auge und sollte vergeben. Ich konnte das einfach nicht und sagte deshalb zu Jesus: „Ich muss diese Brigitte Eismann fragen, weshalb sie das gemacht hat in dieser Nacht. Sie ist eine Mutter. Ich muss wissen, weshalb sie andere Menschen gequält hat." Damit stand für mich fest, dass ich noch einmal in diese Klinik fahren würde, wenn ich meinen Führerschein und ein Auto hatte.

Es dauerte nur wenige Monate, dann bekam ich die medizinische Genehmigung und konnte meinen Führerschein machen. Sehr bald hatte ich auch ein kleines gebrauchtes Auto. An einem Tag im Februar 2000 wollte ich früh nicht ins Pfarramt, sondern in die Psychiatrie Hubertusburg fahren. Ich betete und fragte Jesus: „Darf ich dahin fahren?" Ich bekam keine Antwort. Ich fragte wieder und noch einmal. Dann klingelte das Telefon. Mein Pfarrer. „Willst du heute wegfahren?", fragte er mich. Ich war erschrocken. Woher wusste er, dass ich etwas vorhatte? Tja, so ist das mit Jesus. Er sieht unser Leben, unser Tun, er kennt alle unsere Gedanken und sieht jeden unserer Schritte.

So antwortete ich meinem Pfarrer: „Ich will noch einmal in diese Psychiatrische Klinik."

Er: „Willst du ins Archiv, nach Akten von dir schauen?"

Ich sagte: „Vielleicht auch." Ich sagte ihm nicht, dass ich diese Krankenschwester suchen wollte. Er wusste es dennoch. Mein Pfarrer wurde sehr ernst und sagte: „Wenn du nicht die ausdrückliche Weisung von Jesus hast, dann kann ich dir das nicht empfehlen."

Na gut, nun wusste ich, dass ich nichts mehr wusste. Ich wollte dahin, hatte keine Antwort vom Herrn Jesus und der Pfarrer hatte mir auch abgeraten. Was tun? Ich suchte nach Bibelworten, nach irgendetwas, wo ich Antwort finden konnte. Genau genommen wollte ich den Herrn überzeugen, dass er sagte: „Ja, fahre." Tat er aber nicht.

So betete ich: „Herr Jesus, ich komme nicht weiter als zur Stadt Grimma. Ab dann kenne ich den Weg nicht. Wenn dort nicht ein konkreter Hinweis steht, muss ich andere fragen. Ich werde nur einmal fragen und diese Leute müssten mit dem Auto in die gleiche Richtung fahren. Tun sie das nicht, fahre ich wieder nach Hause, weil du nicht willst, dass ich zu dieser Krankenschwester fahre." Das sollte also mein Zeichen sein. Ein Navi hatte ich nicht.

Ich fuhr los bis nach Grimma. Wie befürchtet, fand ich keinen Wegweiser zur Klinik. Ich hielt auf dem Markt an.

Dort kam mir ein Mann mit einem Kuchenpaket in der einen Hand und dem Autoschlüssel in der anderen Hand entgegen. Ich fragte ihn, ob er mir sagen könne, wie ich zur Klinik Hubertusburg käme. Es war eine einfache Antwort: „Am besten Sie fahren hinter uns her. An einer Straßengabelung wird meine Frau rechts aus dem Auto winken. In diese Richtung fahren Sie direkt zur Klinik. Wir biegen dann links ab."

Mir rutschte ein Halleluja heraus, denn es war genau das, was ich als Zeichen mit Jesus verabredet hatte. Ich setzte mich ins Auto und betete: „Herr Jesus, nun brauche ich deinen Schutz und alle Gnade, die du hast. Halte mich bitte fest in deiner Hand. Danke, dass du bei mir bist."

So kam ich in die Klinik. Ein großes Klinikum. Zu meiner Zeit hatte es zweitausend Patienten gehabt. Zwölf Jahre waren seit meiner Entlassung vergangen. Als ich jetzt wieder dorthin fuhr, hatte ich noch immer Flashbacks und manchmal auch Albträume. All die alten, schlimmen Erinnerungen kamen wieder hoch. Als ich auf das Klinikgelände fuhr, bekam ich Schmerzen am ganzen Körper. Ich hielt das Auto an, machte den Motor aus und stand genau vor der Station, wo ich einst eingesperrt gewesen war. Mir krampfte sich vor Schmerzen der ganze Körper zusammen. Es waren dieselben schrecklichen Schmerzen wie damals, als sie Strom durch meinen Körper gejagt hatten. Ich schrie vor Schmerzen und Entsetzen. Vielleicht habe ich in diesem Moment das ganze Trauma aus mir herausgeschrien. Dann wurde ich ganz ruhig und Frieden erfüllte mich. Jesus war da.

Ich stieg aus und klingelte an der Stationstür. Eine Schwester öffnete. Ich erkannte sie sofort – und sie mich auch. „Sie?" Mit großen Augen sah sie mich an, als wäre ich ein Phantom, und sofort machte sie die Tür wieder zu.

Da stand ich nun. Ich ging durch das Gelände der Klinik und traf einen Mann im weißen Kittel. Ihn fragte ich: „Gab es in der DDR hier politische Patienten und wo kann man darüber mehr erfahren?" Das hätte ich besser nicht sagen sollen. Er antwortete recht heftig, dass es so etwas niemals hier gegeben habe, ließ mich stehen und ging weiter. Ich wusste noch, wo Brigitte Eismann mit ihrer Familie gewohnt hatte. Also ging ich zu dem Haus und tatsächlich – sie wohnte noch dort. Ich fragte nun, wo Schwester Brigitte Eismann zu finden sei. Mir wurde gesagt, auf welcher Station sie gerade Dienst hatte. Ich ging auf diese Station, betrat den Flur und genau in diesem Moment kam sie den Gang mit einen Spritzentablett entlanggelaufen.

Ich: „Guten Tag, Schwester Brigitte Eismann."

Sie: „Guten Tag." Fragend schaute sie mich an.

Ich: „Wissen Sie noch, wer ich bin?"

Entschieden sagte sie: „Nein!"

Ich zog meinen Ärmel hoch und zeigte ihr die Narben an meinem Arm: „Wissen Sie jetzt, wer ich bin?"

Sie sagte: „Sie leben noch? Sie sollten doch hier niemals mehr wieder raus!"

Ich antwortete: „Vielleicht wollten mich Menschen töten, aber mein Gott hat dafür gesorgt, dass ich noch lebe."

Sie fragte: „Und was wollen Sie hier?"

Ich: „Ich wollte heute dieses Kapitel meines Lebens hinter mir lassen."

Ein Kollege kam und nahm ihr das Tablett ab. Dann fragte sie mich: „Was wollen Sie da jetzt machen?"

Dann hörte ich mich sagen: „Ich wollte mich bei Ihnen entschuldigen. Ich bin schon sieben Jahre Christin und habe Ihnen noch nicht vergeben."

Es war für mich selbst irgendwie unwirklich. Aber in

diesem Moment wurde die Frau kreidebleich. Sie fasste nach meiner Hand, die ich ihr immer noch entgegenhielt, und sagte: „Das tut mir leid."

Nun fing ich an zu weinen: „Fassen Sie mal richtig an und sagen Sie das noch mal."

Und tatsächlich, sie tat es. Sie fasste über den ganzen Unterarm und sagte: „Mir tut das wirklich leid für Sie."

Nun zeigte ich auf die kleine Narbe am Handgelenk, wo sich der Dorn der Schnalle eingebohrt hatte, als ich fixiert war: „Warum haben Sie das getan? Sie sind eine Mutter. Warum haben Sie das getan?"

Sie fing auch an zu weinen, hielt immer noch meinen Arm und sagte: „Wenn ich das damals nicht gemacht hätte, dann wäre ich selber Patientin geworden, und ich wäre nicht die Erste gewesen."

Ich dachte, ich höre nicht richtig, und fragte noch mal: „Wie, entweder Sie misshandeln andere oder man misshandelt Sie?"

Sie nickte nur noch und wir weinten beide, ohne Worte.

Dann sagte ich zu ihr: „Ich werde Sie nie mehr in meinem Herzen anklagen, nie mehr vor anderen Menschen und nie mehr vor Gott. Mir hat Jesus mein Leben gerettet. Auch wenn Sie es heute nicht glauben, aber eines Tages stehen Sie persönlich vor Gott und er wird Sie fragen, weshalb Sie das getan haben. Dann können Sie diese Antwort nicht mehr geben. Lernen Sie diesen Jesus kennen. Er ist auch für Ihre Sünden gestorben, auch wenn Sie das heute nicht glauben." Dann ging ich einfach.

Ich hatte alles erfahren, was ich wissen wollte, und hatte alles getan, was ich tun sollte. Ich war wie betäubt. Und dennoch konnte ich mich ins Auto setzen und nach Hause fahren.

Noch im Auto dankte ich Jesus für dieses Wunder. Noch am Morgen zu Hause schien es für mich unmöglich, der Frau zu vergeben. Und nun hatte ich mich bei dieser Frau sogar entschuldigt, weil ich ihr noch nicht vergeben hatte. Da hatte Gott mein Herz in wenigen Stunden total verändert. Mit normalem Menschenverstand war das nicht mehr zu erklären. Jedenfalls über meinen Verstand ging das weit hinaus.

Ich kam froh und zufrieden zu Hause an.

Meinen Pfarrer habe ich an diesem Tag nicht mehr angerufen. Ich wollte einfach allein sein, allein mit meinem Freund Jesus. Ich war ihm so sehr dankbar, dass er wirklich auf mich aufgepasst hatte. Wäre ich mir selbst überlassen gewesen, wäre es ja auch nicht ausgeschlossen gewesen, dass Hass und Aggression gegen diese Frau aus mir gekommen wären. Das hätte mich für den Rest meines Lebens unglücklich machen können. Danke, liebster Jesus, dass du mich davor bewahrt hast!

Das war für mich eines meiner größten Erlebnisse mit Jesus. Statt dass ich auf eine Entschuldigung wartete, hatte ich mich entschuldigt. Nein, auf eine Entschuldigung hatte ich nicht gewartet, aber auf eine Erklärung. Ein Opfer entschuldigt sich bei seinem Folterer. Ein Folterer sagt seinem Opfer: „Es tut mir leid." Unfassbar. Dieses Streichen über meinen Arm und ihre Worte waren für mich die komplette seelische Heilung über dieser Sache.

Von da an erfüllte mich ein großes Erbarmen für diese Frau. Stellen Sie sich doch einmal vor: Eine Mutter wird gezwungen, andere Menschen zu misshandeln, oder ihre Familie geht kaputt und sie als Mutter auch. So grausam war der Kommunismus! Dabei hatte diese Frau sich als junges Mädchen nur dafür entschieden, kranke Menschen wieder gesund zu pflegen. Stattdessen wurde sie vor die Entscheidung gestellt: du und deine Familie oder die andere Person.

Ich wünsche niemandem, dass er jemals in eine solche Situation kommt. Wir sollten uns hüten, andere Menschen voreilig zu verurteilen. Ich bete heute oft für diese Frau. Immer wieder stelle ich mir vor, wie trostlos sie eines Tages vor Gott steht, wenn sie keine Vergebung durch Jesus Christus hat. Ich war ja nicht das einzige Opfer von politischem Missbrauch der Psychiatrie.

Ich habe Frieden gefunden. Wie geht es ihr heute, nachdem sie einem ihrer Opfer begegnet ist? Ob sie jemals Frieden in ihrem Herzen finden kann, ohne Jesus? Das glaube ich nicht.

Auf mein Leben ist eine große göttliche Gnade gekommen, obwohl ich es niemals verdient hatte. Wie gut, dass uns Paulus im Römerbrief sehr deutlich sagt: Wir werden allein aus Gnade gerettet und niemals wegen unserer Taten. Diese Frau braucht auch viel, sehr viel Gnade. Möge Gott sie ihr gewähren.

Und plötzlich rief er mich

Dann kam ich mit meinem Pfarrer zu einer großen internationalen Konferenz. Auf dem Flyer wurde ein „Prophet aus Texas" vorgestellt, der schon bei drei Totenauferstehungen dabei gewesen sei. Der Mann interessierte mich. Andere Leute gingen zu Wahrsagern; ich wollte zum Propheten, damit ich erfuhr, was Gott mit mir in Zukunft vorhatte. Ich hatte ja schließlich Jesus versprochen, dass ich nur noch ihm dienen wollte.

Aber bei einer Konferenz mit fast tausend Teilnehmern treffe man mal ausgerechnet diesen einen Mann! So konnte ich wieder nur Jesus darum bitten. Es kam die Gelegenheit, wo alle nach vorne kommen konnten, um sich segnen zu lassen. Da beschlich mich ein sehr komisches Gefühl. Was, wenn man mir sagte: „Du wirst sofort nach Afrika reisen und dort Gott dienen!"? Bitte, sagen Sie nicht, Gott würde so etwas nicht sagen. Schauen Sie in die Evangelien, wie Jesus Matthäus, Petrus und die anderen gerufen hat. Oder Philippus. Ehe er sich versah, hatte Gott ihn an einen anderen Ort versetzt. Sie haben augenblicklich ihren alten Platz verlassen und sind Jesus nachgefolgt. Möglich ist das durchaus. Mir wurde wirklich mulmig im Magen. Dann legte ich mich fest: Wenn die Pfarrersfrau mich auffordert nach vorn zu gehen, dann gehe ich sofort. Aber sonst bleibe ich sitzen.

Es dauerte nur Minuten, da sagte sie zu mir: „Willst du nicht nach vorn gehen?"

Sofort stand ich auf, ging den Gang entlang und stand

direkt vor dem Propheten aus Texas. Er sah mich an und fragte: „Wo kommst du her?"

„Vierzig Kilometer von hier", sagte ich.

Dann legte er mir die Hände auf: „Du wirst ein Zeugnis für die Welt sein. Du wirst eine Liebe für alle Menschen bekommen und du wirst es dir nicht erklären können. Die Gnade ist sehr groß in deinem Leben. Du wirst Menschen rufen, bestätigen und trösten. Männer und Frauen Gottes werden zu dir kommen. Aber vergiss nie, es ist allein die Gnade Gottes, die das durch dich bewirken wird."

Nachts fuhr ich mit ins Pfarramt und schlief im Jüngerschaftsgebäude. Als ich schon schlief, rief mich Gott, sodass ich aufwachte und aufstand. Ich musste an Samuel denken, als er noch ein kleiner Junge war und im Tempel bei Eli aufwuchs. Da rief des Nachts Gott auch: „Samuel, Samuel" und offenbarte dem jungen Samuel eine Botschaft (1. Samuel 3).

Ich lief im Zimmer auf und ab. Dann legte ich mich auf mein Angesicht am Boden, weil ich das Gefühl hatte, der Herr sei persönlich da. Ich bekam richtig Angst, als eine Hand auf meinem Rücken lag. „Fürchte dich nicht, ich habe dich lieb", hörte ich. Ich wurde ganz ruhig. Die Hand fing an, meinen Rücken langsam auf und ab zu streichen. Ich flehte: „Herr, bitte vergib mir alle meine Schuld, auch die unbewussten Sünden. Bitte verwirf mich nicht vor deinem Angesicht."

Er fragte mich: „Was ist mit deinem Mann, willst du ihn zurück?"

„Herr, ich möchte, dass wir im Himmel eine Familie sind. Deshalb, bitte rette auch meinen Mann. Aber hier auf dieser Erde möchte ich nicht, dass ein anderer Mensch zwischen dir und mir steht. Ich will dir jederzeit folgen können, wohin es auch geht. Aber bitte, bitte, ich möchte im Himmel mit meinem Mann und meinen beiden Kindern zusammen sein dürfen."

Immer weiter ging die Hand über meinen Rücken. Dann sagte der Herr: „Das Volk, in dessen Mitte ich dich gestellt habe, wird meine Herrlichkeit erkennen, denn es wird wunderbar sein, was ich an dir tun werde."

Bis gegen Morgen hatte ich diese Gemeinschaft mit dem Herrn. Dann zog ich mich an und ging in den Pfarrgarten. Obwohl ich in der Nacht fast nicht geschlafen hatte, war ich dennoch putzmunter. Ich hatte tiefen Frieden und ein unglaubliches Glücksgefühl. Denn ich durfte Jesus dienen, ich durfte seine Magd werden.

Flieg, kleiner Adler, flieg

Die ganzen Jahre konnte ich zu meinem Pfarrer kommen und mit ihm reden. Er war mir ein echter geistlicher Vater geworden. Aber diesmal sagte er: „Nein, Karin, du kannst mit mir nicht mehr über persönliche Dinge reden. Du musst es lernen, alles, was dich bewegt, mit Jesus zu besprechen. Du wirst in deinem Leben in Situationen kommen, wo du keinen Menschen mehr zum Reden hast, nur noch Gott. Du musst das jetzt lernen, sonst kannst du es nicht, wenn du es brauchst."

Ich fühlte mich einfach nur abgelehnt. Erst sagte er

mir, dass die Gemeindeleitung es abgelehnt hatte, mich in die Gemeinde aufzunehmen, weil „solche wie ich die Gemeinde unterwandern" würden. Gemeint war meine Vergangenheit als Kommunistin. Und nun schickte mich auch der Pfarrer weg. Ich war sehr traurig darüber und fuhr an dem Tag einfach nach Hause. Ich wollte nur noch allein mit Jesus sein und ihm meinen Kummer erzählen.

Etwa in dieser Zeit kam ein messianischer Jude aus Israel nach Deutschland in unseren Gebetskreis und sagte zu mir: „Karin, ich bin gekommen, um dir zu sagen: ‚Flieg, kleiner Adler, flieg! Es wird Zeit'."

Ich verstand nicht recht. Der Mann kommt extra aus Israel, um mir das zu sagen? Das muss man erst mal verkraften. Was in aller Welt hatte Gott mit mir vor? Wie sollte das alles weitergehen?

Mein Pfarrer fragte mich von nun an nicht einmal mehr, wie es mir ging. Ich arbeitete zwar nach wie vor im Pfarramt mit, aber die Beziehung zu den Pfarrersleuten änderte sich, als unser Pfarrer krank wurde. Er hatte hohen Zucker, wollte aber nicht zum Arzt gehen. Dann konnte er tagsüber oft nicht mehr stehen. Einmal sagte er sehr vorwurfsvoll zu mir: „Für andere betest du auch und viele werden gesund. Warum machst du das nicht für mich?"

Spontan rutschte mir raus: „Gott will mit dir einen Weg gehen, nur du willst bis jetzt nicht." Ich hielt mir vor Schreck den Mund zu und die Augen meines Pfarrers waren wohl noch mal so groß wie sonst.

Solch eine Situation hatten wir zuvor noch nie gehabt. Bisher hatte stets ich um Hilfe gefragt, aber nicht umgekehrt. Fing ich an, als Christin erwachsen zu werden, flügge, wie ein kleiner Adler?

Josef im KZ Buchenwald

Einige Wochen vergingen. Dann begegnete ich einem Ehepaar aus meiner Heimatstadt, die meinen Großvater mütterlicherseits kannten. Der Mann sagte: „Deinen Großvater kenne ich. Ich war im Krieg gerade zehn Jahre alt, als dein Großvater die Häftlinge auf dem Weg zur Arbeit prügelte, bis sie zusammengebrochen sind. Stand einer nicht wieder auf, hat er ihn mit seinem Stiefel auf den Schädel getreten. Dein Großvater war ein Schwein. Wenn dem einer nicht gepasst hat, dann ließ er ihn wegbringen und wir haben ihn nie wieder gesehen. Dein Großvater hat auch Juden umgebracht."

Ich war schockiert. Bis dahin wusste ich nur, dass die Russen meinen Großvater ins „Lager 2" des ehemaligen KZ Buchenwald gebracht hatten. Aber ich wusste nicht weshalb. Dort war er drei Jahre und musste das Lager mit aufräumen, das hieß auch Leichenreste einsammeln. Es muss auch für ihn dort sehr schlimm gewesen sein.

Dieser Mann war ein Kind gewesen, als er meinen Großvater beobachtete, weil die Häftlinge täglich an seinem Haus vorbeiliefen zur Arbeit. In diesem Augenblick musste ich an meine Mutter denken, wie sie mir als Vierzehnjährige unmissverständlich klarmachte, dass über diesen Opa, ihren Vater, nie wieder zu sprechen sei. Meine Mutter konnte ich nun aber nicht mehr fragen, sie mit den Fakten konfrontieren, die ich gehört hatte. Sie war ja bereits zehn Jahre zuvor gestorben. Irgendwie war in mir ein Bedürfnis, dass das, was der Mann über seine Erinnerungen an meinen Großvater sagte, nicht wahr sein sollte. So nach dem

Motto: „Es kann nicht sein, was nicht sein darf." Andererseits wollte ich die Wahrheit nun erst recht wissen.

So machte ich mich auf und fuhr zur Gedenkstätte des KZ Buchenwald. Um dorthin zu gelangen, musste ich ab Weimar mit einem Bus weiterfahren, der direkt zur Gedenkstätte fuhr. Auf diesen Bus musste ich eine Stunde warten. Aber in einer kleinen Konditorei konnte ich diese Stunde bei einer Tasse Kaffee gut verbringen. Ich bestellte einen Kaffee und ein alter Mann, der mit seiner Frau auch da stand, fragte mich: „Sie wollen auch nach Buchenwald?"

„Ja", antwortete ich ihm mit fragendem Blick.

Er fragte weiter: „Was haben Sie denn mit Buchenwald zu tun?", wohl wegen meines Alters.

Ich sagte, ohne wirklich zu überlegen: „Ich bin Deutsche, schon deshalb habe ich damit zu tun." Wir setzten uns gemeinsam an einen Tisch. „Sie interessieren mich", sagte er und zog seinen Ärmel nach oben. Eine eingebrannte Häftlingsnummer! So etwas hatte ich noch nie gesehen. Ich saß mit einem ehemaligen KZ-Häftling am Tisch! Sofort hatte ich im Hinterkopf, dass mein Großvater Aufseher in einem Zwangsarbeitslager von Buchenwald gewesen war und ich genau deshalb in das Lager wollte, um im Archiv nach Informationen über ihn zu fragen.

Zum Glück fragte Josef mich in der Konditorei nicht danach. Er zeigte mir Fotos von der Zeit aus dem Lager und erzählte, wie er Leichen im Lager hatte einsammeln und auf einer Karre ins Krematorium fahren müssen. Einmal war ein sechzehnjähriges Mädchen von den Aufsehern vergewaltigt worden und dann schoss man ihr in den Unterleib. Josef weinte: „Das Mädchen war noch nicht mal tot, da musste ich sie auf die Karre laden und wegfahren."

Mir war, als bohrte sich ein Messer in mein Herz.

Josef erzählte weiter, wie er auf einen der Todesmärsche hatte gehen müssen. Die meisten Häftlinge waren bei diesen Märschen entweder an Entkräftung gestorben oder von SS-Leuten und HJ-Jungen erschossen worden. Zwölf Häftlinge hatten überlebt. Josef war einer von ihnen.

Da er aus Tschechien stammte, war sein Deutsch zwar sehr gut, aber eben ein gebrochenes Deutsch. Er erzählte weiter vom Todesmarsch. Er hatte sich im Wald versteckt und sah dort einen SS-Mann, wie er einem toten Häftling seine Sträflingskleidung auszog und diese selber anzog. So tarnte er sich als Häftling. Josef sprach ihn an: „Bis jetzt hatten wir vor euch Angst. Ich komme wieder hierher, dann habt ihr Angst." Daraufhin war der SS-Mann vor ihm geflüchtet und hatte sogar seine Waffe liegen lassen. Und nun sagte Josef triumphierend zu mir: „Siehst du, ich bin wieder da." Ich fragte ihn, was er in Buchenwald tun wollte. Für mich war ja längst klar, dass ich dieses Ehepaar begleiten und ihnen helfen würde, so gut es mir möglich war. Er wollte im Archiv nach Beweisen suchen, dass er auch wirklich Häftling war, um dann vielleicht in Tschechien noch eine Entschädigungszahlung zu bekommen. Josef war inzwischen 84 Jahre alt.

Wir gingen zum Bus und fuhren zur Gedenkstätte. Seine Frau und ich stützten Josef, der immer schweigsamer und ängstlicher wurde, ganz in sich gekehrt. Bestimmt holten ihn die schlimmsten Erinnerungen seines Lebens ein. Er fuhr zurück in das schreckliche Trauma seines Lebens.

Fast hatte ich vergessen, weshalb ich gekommen war.

Josef und seine Frau wurden von Mitarbeitern der Gedenkstätte mit größtem Feingefühl empfangen und begleitet. Er wurde regelrecht geehrt. Josef schien zu wachsen, er richtete sich auf. Solche Würde war ihm wohl noch nie zuteilgeworden. Der Umgang mit Josef, die Art und Weise, wie man mit ihm sprach, beeindruckten mich sehr. Hier spürte ich deutlich, dass die Mitarbeiter nicht nur höflich waren, sondern eine Verantwortung für die Geschichte unseres Volkes übernommen hatten. Ihre Demut war unübersehbar.

Wir standen im Archiv. Dort suchte man nun nach Unterlagen über Josefs Jahre im Konzentrationslager.

Während dieser Zeit ging ich zu dem Raum, wo man über das Sowjetische Speziallager Nr. 2 etwas erfahren konnte[1]. So gut wie möglich machte ich Angaben über meinen Großvater. Und – man wurde fündig; es fanden sich Name, Geburtsort, Häftlingsnummer und die genaue Zeit seines Aufenthaltes im Sowjetischen Speziallager Nr. 2, Entlassung 17. April 1948. Er hatte in einem Zwangsarbeitslager, einer Außenstelle des KZ Buchenwald, als Aufseher gearbeitet. Als Zellenleiter stand er an sechster Stelle in der Rangliste der NSDAP-Funktionäre. Zellenleiter sollten dem Ortsgruppenleiter regelmäßig einen mündlichen Stimmungsbericht geben und ihn über Missstände informieren.

Als ich das hörte, fing ich innerlich an zu zittern. Mir wurde schlecht. Ich hatte bis jetzt gehofft, dass das alles nicht wahr war. Doch, es war die Wahrheit. Man druckte mir ein Blatt aus, auf dem alles stand.

Mit dem Blatt in der Hand ging ich wieder zu Josef ins Archiv. Als er mich zur Tür hereinkommen sah, nahm er mich bei den Schultern und schüttelte mich: „Du sagen, was hält eine Seele Mensch aus?!" Ich hatte so schon zu

---

1 Nach der Befreiung des KZ Buchenwald durch die US-Armee hatten die Sowjets auf dem Gelände ein neues Lager errichtet. Lokale NSDAP-Funktionäre, denunzierte unschuldige Erwachsene und Jugendliche wurden hier 1945 – 1950 unter furchtbaren Bedingungen interniert. (d. Verlag)

kämpfen, um mit meiner eigenen Familiengeschichte fertigzuwerden. Und nun das! Aber Josef hatte recht. Ich bin Deutsche, mein Volk hat den schrecklichen Zweiten Weltkrieg zu verantworten. Wir Deutschen haben Konzentrationslager gebaut und Millionen Menschen umgebracht. Ich habe im Zweiten Weltkrieg noch nicht gelebt, aber Josef machte mir unmissverständlich die Mitverantwortung für die Geschichte meines Volkes klar.

Ich stotterte: „Gerade habe ich erfahren, dass mein Großvater Aufseher im Außenlager von Buchenwald war." Ich konnte nichts mehr sagen, nur noch weinen, Josef anschauen und flüstern: „Mir tut das alles so leid."

Ich musste raus. Ich verzog mich in einen Winkel des Hauses und schluchzte: „Jesus, starbst du auch für so schreckliche Sünden wie die meines Großvaters? Wenn du mir die Verantwortung für meine Vorfahren gibst, dann kann ich nicht mehr leben. Bitte, Jesus, ich möchte dein Erbe sein, nicht der Erbe meiner Vorfahren. Ich möchte ein Kind deiner Familie sein, nicht ein Kind meiner Vorfahren. Bitte, Vater im Himmel, vergib mir um Jesu Willen die Sünden meiner Vorfahren, so schlimm sie auch waren. Bitte vergib mir und schneide mich von meinen Vorfahren ab. Lass ab heute den Segen fließen in alle nachfolgenden Generationen. Bitte schenke mir Trost und richte mich wieder auf."

Natürlich vergab mir Gott. Ja, ich bin von meinen Vorfahren abgeschnitten. Das heißt, die Schuld meiner Vorväter bis in die dritte und vierte Generation lastet nicht mehr auf meinem Leben. Ich bin jetzt gesegnet bis ins tausendste Glied, so sagt es die Bibel im 2. Buch Mose, Kapitel 34, Verse 6+7; so glaube ich es auch.

Es war für mich eine ungeheure Erlösung. Ich war wirklich von der Last dieser Familiengeschichte frei geworden.

Aus dieser Erfahrung heraus kann ich nur jedem raten, sich um das Tun und Wirken seiner Vorfahren zu kümmern. Gott meint es ernst mit dem, was er in die Bibel hat schreiben lassen.

Umgekehrt habe ich aber auch Familien kennengelernt, die seit Generationen bibeltreue, bekennende Christen sind. Der Segen ist unübersehbar. Ich habe mich mit solch einer Familie darüber einmal unterhalten. Sie sagten mir: „Manchmal sind wir ein bisschen neidisch darauf, wie du Jesus in deiner großen Not erlebt hast. Andererseits sind wir auch sehr dankbar, dass uns solch schweres Leid erspart geblieben ist."

"Der kleine Adler verlässt das Nest"

Kurze Zeit nach diesem Erlebnis wollte ich mal wieder mit meinem Pfarrer über Erlebnisse meiner Vergangenheit reden. Er lehnte es ab. Der Mann, der mir fast sieben Jahre lang Halt und Hilfe gegeben hatte, der mich gesegnet und gelehrt hatte, der lehnte es ab, mit mir zu reden. Warum lehnte er mich ab? Was hatte ich ihm getan? Oder ahnte er, dass ich wirklich bald auf eigenen Füßen stehen musste?

Eines Tages kam ich ins Pfarramt und unser Pfarrer war nicht mehr da. Er lag im Krankenhaus. Sein Zucker war extrem hoch gewesen und dann bekam er noch einen Schlaganfall. Im Krankenhaus bekam er dazu noch eine

Lungenentzündung. Es stand schlecht um ihn. Er lag fünf Tage im Koma. Schlussendlich hat er es geschafft, er lebte weiter, aber als Pfarrer konnte er nie mehr arbeiten. So war ich wie ein kleiner Adler von einer Stunde zur anderen aus dem Nest geworfen und musste selbst durch die christliche Landschaft fliegen. Ich durfte so viel bei ihm lernen.

Was durfte ich alles mit ihm erleben! Mir fällt eine besondere Lehrstunde bei ihm ein.

An einem sonnigen Tag sagte er, ich solle mit meinem Moped in alle Dorfkirchen fahren, die zu seinem Einzugsgebiet gehörten, und die Stromzähler in den Kirchen ablesen. Das Problem für mich war, dass ich die Dörfer um unser Pfarramt gar nicht kannte. Ich war noch nie dort gewesen. Wie sollte ich die Kirchen finden? Da sagte er kurzerhand zu mir: „Dann frag Jesus." Dann ließ er mich auf dem Hof stehen und ging in sein Amtszimmer. Nun war guter Rat teuer. Ich betete wirklich und das sehr ernsthaft, denn ich wollte meinem Pfarrer beweisen, dass ich mit meinem Gott über jede Mauer springen konnte. Dann fuhr ich einfach los.

An einem Feldweg stoppte ich und schaute in die Ferne. Da sah ich eine Kirche. Ich fuhr den Weg durchs Feld und kam an einer der gesuchten Kirchen an. Der Schlüssel passte und ich ging hinein. Dort setzte ich mich erst mal und staunte, wie problemlos ich das hier gefunden hatte. Ich schaute nach dem Zähler, notierte den Zählerstand. Dann nahm ich einen Zettel und schrieb einen Bibelvers auf, das Datum, die Uhrzeit und meinen Namen. Diesen Zettel ließ ich liegen. Ich schloss die Kirche zu und fuhr weiter. Auch die nächste Kirche fand ich und machte es genauso. Ich notierte den Zählerstand und schrieb einen Zettel mit einem Segenswort. Ich fand alle Kirchen der

Reihe nach. Nur einmal musste ich eine Frau fragen. Und in jeder Kirche ließ ich einen Zettel mit einem Bibelvers liegen. Das sollte mein Beweis sein, dass ich alle Kirchen gefunden hatte, obwohl ich völlig ortsunkundig war.

Als ich wieder ins Pfarramt kam, sah mein Pfarrer mir wohl an, dass alles geklappt hatte. Stolz gab ich ihm den Zettel mit den Zählerständen. Ich sagte ihm, dass er in jeder Kirche einen Zettel mit einem Bibelvers, dem Datum, der Uhrzeit und meinem Namen finden würde.

Ja, so lernte ich in meinem kleinen Alltag, ganz normal mit Jesus zu reden und auf den Heiligen Geist zu hören.

Nach dem Umzug der Pfarrersfamilie aus dem Pfarramt ging ich ihn besuchen. Er hatte ein großes Haus, wo auch eine seiner Töchter mit Familie wohnte. Und da kam er auf die Idee, dass ich auch bei ihm im Haus wohnen sollte. Aber ich war nicht mehr sein geistliches Kind, ich war für ihn eine geistliche Schwester in Christus geworden und fehlte ihm. Ich werde wohl nie vergessen, was ich ihm damals antwortete: „Ja, Pfarrer, der kleine Adler im Nest; dem hast du vor einem Jahr gesagt, dass er selber seinen Weg finden muss. Nun, wo der kleine Adler das Fliegen lernt, sitzt die Adlermutter am Nestrand und ruft: ‚Mein Kleines, flieg nicht so weit fort'. Nein, Rolf, ich bin noch ein ganz junger Adler und ich hab mir auch schon in der Wüste dieser Welt die Füßchen verbrannt, aber zurück komme ich nicht mehr. Bald geht mein Weg hinaus in die Welt, und dazu will ich bereit sein."

Ein bisschen traurig war er schon, aber er hatte mich verstanden. Ein letztes Mal segnete er mich, ein sehr berührender Moment in meinem Leben. Seine letzten Worte waren: „Du bist eine große Bereicherung für mein Leben als Pfarrer geworden. Wenn du demütig bleibst, dann wirst du ein großer Segen für viele Menschen werden. Vergiss es nie, es ist alles nur Gottes Gnade."

Dann trennten sich unsere Wege.

Von nun an war es meine tägliche Realität, dass ich alles, was mich bewegte, mit Jesus besprechen musste und auch konnte. Mithilfe meines geistlichen Vaters hatte ich gelernt, die Fußstapfen des Herrn zu finden. Jetzt lag es allein an mir, auch darin zu bleiben. Es ist ein großes Geschenk, in einer solch engen Beziehung mit Gott leben zu dürfen. Man muss den breiten Weg des Lebens in dieser Welt verlassen und sich auf den schmalen und steinigen Weg begeben. Manche Menschen verstehen nicht, weshalb man dies tut und jenes lässt. Ein befreundeter geistlicher Leiter sagte mir einmal: „Viele beginnen, diesen Weg zu gehen, aber wenn sie merken, welchen Preis das kostet, gehen nur noch sehr wenige weiter." Ja, so hatte es Jesus auch dem reichen Jüngling gesagt. Der war gläubig, hat Gott vertraut und nach den Geboten gelebt. Und er spürte, es gibt noch mehr bei Gott. Er wollte von Jesus wissen, was es sei. Und da sagte Jesus ihm: „Willst du vollkommen sein, so geh hin, verkaufe, was du hast, und gib es den Armen, so wirst du einen Schatz im Himmel haben; und komm und folge mir nach!" (Matthäus 19,21) Das heißt: Lass alles los, was du hast. Und was hatte ich nicht alles! Nicht nur materielle Dinge. Auch meine Tochter, Eltern, Freunde und Verwandte, Hobbys und Freizeitaktivitäten. Und meine Gesundheit. Soll man die Gesundheit auch loslassen? Ich habe es getan. Und das hatte seinen Grund. Jesus hat mir einen Pfarrer nach Hause geschickt, der mir folgende Botschaft brachte: „Karin, ab heute kannst du Gott bitten, dass er dich heilt, und du wirst völlig gesund werden und vielleicht neunundneunzig Jahre alt, dann hast du zwar mal nur sehr wenig Frucht gebracht, aber Gott wird deine Entscheidung akzeptieren und dich heilen. Du kannst aber auch deine Gesundheit in den Dienst Gottes stellen. Dann wirst du vielleicht mal nur sechzig oder siebzig Jahre alt, aber du hast viel Frucht gebracht." Als ich dem Bruder antworten wollte, stoppte er mich. „Gib die Antwort nur Gott, sprich darüber nicht mit anderen Menschen, denn es ist eine Sache allein zwischen dir und dem Herrn. Deine Entscheidung wirst du von Zeit zu Zeit erneuern müssen und du kannst sie jederzeit ändern. Gib diese Antwort nur Gott."

So gab ich Gott auch meine Gesundheit.

Und ich habe noch mehr losgelassen, das war nicht immer leicht.

Mein Vater

Nachdem meine Mutter gestorben war und ich sie nicht beerdigen durfte, hat mein Vater mich konsequent gemieden. Er wohnte nur wenige Minuten von mir entfernt im gleichen Stadtteil. So kauften wir meist in derselben Kaufhalle ein. Waren wir zur gleichen Zeit einkaufen und er sah mich, brachte mein Vater es fertig, ließ den Einkaufswagen in der Kaufhalle stehen und lief fluchtartig weg. Auf der Straße drehte er sich um und ging in die andere Richtung. Er tat alles, um mir nicht zu begegnen.

Dann hatte mein Vater seinen siebzigsten Geburtstag. Das war ein Montag. Am Abend zuvor sprach der Herr mich an. Jesus wollte, dass ich zu meinem Vater ging und ihm zum Geburtstag gratulierte. Ich wollte das nicht. Ich hatte Angst, dass mein Vater, wenn er mich an seiner Wohnungstür stehen sah, einen Herzanfall bekommen könnte, nachdem er schon drei Herzinfarkte gehabt hatte. So sagte ich zu Jesus: „Ich gehe nur dann zu meinem Vater, wenn es am Montag um 7.00 Uhr in der Kaufhalle gelbe Rosen gibt."

Ich hoffte, dass es diese Rosen nicht geben würde. Das war wirklich ein dummes kindliches Verhalten, als hätte ich nicht gewusst, dass es für Gott eine Kleinigkeit ist, gelbe Rosen in die Kaufhalle zu stellen. So schrieb ich am Sonntagabend meinem Vater eine Karte, wünschte ihm Gottes Segen und teilte ihm mit, dass ich ihn liebe und Gott dankbar bin, dass er mein Vater ist. Ich wünschte ihm den Frieden Gottes.

Am Montagmorgen ging ich zur Kaufhalle und natürlich gab es gelbe Rosen. So nahm ich Blumen und Karte und ging betend zu meinem Vater. Als ich klingelte, schlug mir das Herz bis zum Hals. Er öffnete die Tür, sah mich an und – das Wunder geschah – er nahm mich in den Arm und sagte: „Ich habe schon nicht mehr geglaubt, dass ich dich noch einmal in den Arm nehmen kann." Meine Antwort war genauso wundersam: „Vater, kannst du mir verzeihen, was ich euch als Kind angetan habe?"

Bald nachdem ich aus der Psychiatrie entlassen worden war, hatten meine Eltern mich aus der Familie ausgeschlossen, mich fast hilflos in meiner Wohnung in der fünften Etage allein gelassen. Und nach all dem hatte mein Vater dafür gesorgt, dass ich nicht an der Beerdigung meiner Mutter teilnehmen konnte. Nach solch traurigen Familiengeschichten stand ich acht Jahre später vor meinem Vater, konnte gehen, meine Hände funktionierten bestens und Lesen und Schreiben war längst kein Thema mehr für mich. Inzwischen hatte ich schon einen Computer. Und Christin war ich ja auch geworden. Das alles hatte mein Vater nicht gewusst – und da bitte ich ihn um Vergebung! Mein Vater war erschüttert bis ins Mark, als er das hörte. Ihm verschlug es für Minuten die Sprache.

Dann saßen wir gemeinsam am Tisch. Mein Vater hatte eine Bibel daliegen. Das war mir interessant. Dann erzählte er mir vom Tod meiner Mutter:

Nach dem Ende der DDR hatte mein Vater meiner Mutter vorgeschlagen, doch wieder in die Kirche einzutreten, mit der Begründung, dass sie jetzt Rentnerin sei und deshalb keine Kirchensteuer mehr bezahlen müsste. Daraufhin hatte meine Mutter wohl sehr schlimme Worte gegen Gott gesagt, so schlimm, dass mein Vater sich weigerte, sie zu wiederholen. Zwei Wochen später war meine Mutter mit dem Rad auf der Straße gestürzt und hatte sich das Becken gebrochen, als sie ein Omnibus angefahren hatte. Deshalb musste sie im Krankenhaus fest liegen. An einem Tag bekam mein Vater einen Anruf vom Krankenhaus, dass es meiner Mutter sehr schlecht ginge und er umgehend kommen solle, was mein Vater auch tat. Als er ins Zimmer trat, just in diesem Augenblick, schrie meine Mutter auf, schwebte waagerecht in der Luft über dem Bett und fiel tot auf die Matratze zurück. Mein Vater stand in der Tür des Zimmers und hat das persönlich gesehen!

Nun sagte mein Vater: „Karin, in dem Moment habe ich deine Mutter in die Hölle fahren sehen."

Wenn man bedenkt, dass mein Vater nie für die Kirche war, nie an Gott geglaubt hatte und sogar die Erziehung seiner Kinder verweigert hatte, weil meine Mutter uns hatte taufen lassen, dann war das eine sehr bemerkenswerte Aussage. Ob das, was mein Vater da gesehen und gesagt hatte, stimmte, vermag ich nicht zu beurteilen. Aber in einem bin ich mir sehr sicher: Mein Vater hatte ein tief greifendes geistliches Erlebnis. Denn er ging vom Krankenhaus nicht etwa nach Hause. Nein, er ging in die Kirche zum Pfarrer und sagte: „Bitte taufen Sie mich sofort. Da, wo meine Frau soeben hingegangen ist, will ich niemals hin." Der Pfarrer wusste sich wohl keinen anderen Rat. Er sprach mit meinem Vater über den Glauben an Jesus Christus und taufte ihn.

Mein Vater erzählte mir, dass er nur in der Kirche zur Ruhe käme und Frieden im Herzen hätte. Aber Glauben hatte er zu seinem siebzigsten Geburtstag trotz der Taufe nicht. Mein Vater behauptete, man hätte Jesus im Lehmbunker ausgehungert. Mein Vater hatte ein Buch auf dem Tisch liegen, in dem darüber angeblich geschrieben wurde. Ich konnte mir das Schmunzeln nicht verkneifen und sagte: „Wenn Jesus aus Wasser Wein gemacht hat, dann kann er auch aus Lehm Brot machen. Das ist für Jesus ein Leichtes."

Die nächsten zwei Jahre sah ich meinen Vater nicht mehr. Wann immer ich vor seiner Wohnungstür stand, war er nicht da.

Dann bekam ich eine Information, dass mein Vater schwer krank geworden war und in einem Pflegeheim sei. Sein zweiundsiebzigster Geburtstag kam und ich ging zu ihm, natürlich mit gelben Rosen. Diesmal sagte ich nicht „Guten Tag", sondern fragte ihn: „Vater, hast du die Eintrittskarte in den Himmel?" Statt zu antworten, fasste mein Vater mich bei den Schultern und fragte: „Was hast du für einen Gott, dass du mich noch lieben kannst?" Auf dem Schrank stand ein Bild meiner Mutter und – man mag es fast nicht glauben – meine Geburtstagskarte von vor zwei Jahren. Diese Karte war ihm so wertvoll, dass er sie mit den wenigen Habseligkeiten ins Pflegeheim mitgenommen hatte.

Dann setzten wir uns an den Tisch und ich erzählte ihm von meinem Freund Jesus und wie er es war, der mich so eindringlich aufgefordert hatte, ihm als meinem Vater zu vergeben. Dass ich mit meinem Vater über die Liebe Jesu reden konnte, war ein großer Segen, ein Geschenk besonderer Art. Ich habe für ihn beten dürfen und wir beteten gemeinsam das „Vaterunser". So glücklich wie an diesem Tag war ich selten in meinem Leben!

Einige Monate später traf ich meinen Vater auf einer Parkbank. Ich setzte mich zu ihm, sagte: „Vater, ich habe dich so lieb" und fasste nach seiner Hand. Da nahm mein Vater meine beiden Hände und sagte: „Karin, seit du für mich gebetet hast, habe ich jeden Tag Gott gesagt, dass er dich beschützen soll. Du bist wie ein Pfarrer. Karin, du musst in die ganze Welt gehen und allen Menschen das erzählen, was du mir von Jesus erzählt hast. Wenn meine Stunde gekommen ist, dann lege ich meine Hand in die Hand von Jesus und gehe heim. Aber du musst erst noch in die ganze Welt und dann sehen wir uns bei Jesus wieder." Welch ein Segen meines Vaters! Solch eine Versöhnung kann nur ein absolut liebender Gott schenken.

Danach wünschte ich mir von Jesus, dass ich nicht in Deutschland sein würde, wenn mein Vater starb. Aus dem einfachen Grund: Der Glaube meines Vaters, der Segen meines Vaters für mich und diese wunderbare Versöhnung waren ein Geheimnis nur zwischen meinem Vater und mir. Keiner aus unserer großen Verwandtschaft wusste davon. Ich wollte mir diese Freude bewahren. Ich wusste nicht, ob Gott ein solches Gebet überhaupt beantworten würde. Aber es kam genau so. Ich hatte das Ticket für eine Missionsreise bereits zu Hause, da bekam ich eine Information, dass mein Vater gestorben sei. Die Beerdigung war für den Tag geplant, an dem ich auf einem anderen Kontinent bei Christen sein würde. Nicht genug: Nach mehreren Jahren ohne Kontakt zu meiner Tochter rief sie mich an und bat mich um Hilfe nach einer Operation. War das nicht Grund genug, eine Reise, und sei sie noch so wichtig, abzusagen? Sollte ich das selbst entscheiden oder mich mit anderen Brüdern und Schwestern im Glauben beraten? Wenn ich andere Christen um Rat gefragt hätte, wer hätte mir gesagt: „Lies doch mal in der Bibel Lukas 14, 26." Dort steht in der Übersetzung der Guten Nachricht: „Wer sich mir anschließen will, muss bereit sein, mit Vater und Mutter zu brechen, ebenso mit Frau und Kindern, mit Brüdern und Schwestern; er muss bereit sein, sogar das eigene Leben aufzugeben. Sonst kann er nicht mein Jünger sein." Genau das hatte ich in meinen Gedanken, als meine Tochter anrief. Da sie auch im Glauben lebte, erzählte ich ihr, was ich für eine Reise vorhatte. Ihre Antwort: „Mama, da musst du fahren!" Wir haben gebetet, damit sie die Hilfe bekam, die sie brauchte, und es wurde auch so.

In dieser für mich schwierigen Situation dachte ich wieder an meinen geistlichen Vater: „Du wirst in deinem Leben in Situationen kommen, da kannst du mit keinem Menschen mehr reden, nur noch mit Gott." Das habe ich auch getan. Andere Christen hätten sich vielleicht anders entschieden. Und das ist auch richtig, denn wir haben alle unseren ganz eigenen und speziellen Weg mit Jesus.

Der verlorene Sohn

Eines Tages klingelte bei mir das Telefon. Kurt war am Apparat. Er erzählte, dass er etwas in seinem Herzen hatte, was er nicht mehr ertragen konnte. Und er erzählte, dass er jeden Tag das Lied „Eine feste Burg ist unser Gott" sang und täglich das „Vaterunser" betete. Aber in seinem Herzen sei etwas, worüber er unbedingt reden wolle. „Darüber kann man aber am Telefon nicht sprechen", meinte er.

Jede Woche ging er zum „Alphakurs", einem christlichen Glaubensgrundkurs, um den Sinn des Lebens zu finden.

Wieso tat er das? Wer war dieser Mann überhaupt?

Kurt wurde 1936 geboren. Und 78 Jahre später suchte er nach dem Sinn des Lebens? Da hörte ich zwei Mal hin. „Was haben Sie jahrzehntelang gemacht, was nun keinen Sinn mehr für Sie hat?", fragte ich ihn.

Er antwortete mir: „Ich habe vierzig Jahre geglaubt und gearbeitet und dafür gelebt, den Sozialismus/Kommunismus aufzubauen und zu verteidigen."

Wer war dieser Mann wirklich? Was wollte er von mir? Es wäre nicht das erste Mal, dass einer der alten Genossen sich bei mir meldete, um mich unter Druck zu setzen oder zu bedrohen. Das hatte ich in all den Jahren, seit ich mit meiner Lebensgeschichte an die Öffentlichkeit gegangen war, öfters erlebt. Ja, sogar direkte Morddrohungen hatte ich bekommen. Und das in einer Kirche, wo ich Minuten vorher vor Hunderten Christen Ostdeutschlands um Vergebung gebeten hatte. „Für das, was Sie heute gesagt haben, wird man Sie umbringen!", sagten mir zwei junge

Männer. Ein andermal schickte man mir ein Fax: „Wenn du nicht schweigst, dann bringen wir dich zum Schweigen."

Wenn Kommunisten so etwas sagen, dann meinen sie das auch!

Und nun wollte Kurt mich treffen, um mit mir zu reden.

Ich brauchte einige Wochen, bis für mich klar war, dass es keine böse Falle war, sondern Gottes Wille, ihn zu besuchen.

Kurt war im Nationalsozialismus geboren worden und kam während des Zweiten Weltkriegs zur Schule. Dort musste er täglich mit dem Hitlergruß dem Nationalsozialismus huldigen. War der Arm nicht hoch genug, zwiebelte der Rohrstock über den Allerwertesten oder die Finger. Nur zwei Jahre später, Kurt war gerade mal neun Jahre alt, war der Krieg zu Ende. Die Neulehrer kamen und damit der Stalinismus in die Hirne und Herzen der Kinder. Nun war der Hitlergruß das Schlimmste, was ein Kind machen konnte. Dafür gab es aber große Appelle, Fahnen wurden geschwungen und man sang sozialistische Lieder. Welches Kind sollte das verstehen?

Glücklich konnten dabei nur noch Kinder sein, die nicht nachdachten, was sie noch vor den Sommerferien gesagt bekommen hatten. „Hitler bringt Arbeit und Brot. Er lässt Autobahnen bauen." Nachdem es im Zweiten Weltkrieg viele Millionen Tote gegeben hatte, wurde den Kindern nun gesagt: „Von der Sowjetunion lernen, heißt siegen lernen."

Rinderoffenställe wurden gebaut, so wie in Russland. Aber im folgenden Winter erfroren die Tiere und die Bevölkerung hungerte. Wer aber diese Rinderoffenställe kritisierte, bekam zur Antwort: „Das ist die neue Freiheit." So hatte man es zumindest Kurt erklärt. Auf den Feldern wurden nun „richtig" Kartoffeln angebaut. Die Saatkartoffeln rein in die Erde und jede Menge chemischen Dünger drauf. Die Kartoffeln wuchsen tatsächlich extrem schnell, aber genauso schnell waren sie in sich zusammengefallen und wurden Matsch – ungenießbar. Toller Sozialismus!

Dann dauerte es nicht mehr sehr lange, bis die Verbrechen Stalins bekannt wurden. Bald durfte auch dieser Name nicht mehr genannt werden.

Kurts Vorteil in diesen Jahren war, dass er in einer christlichen Familie aufgewachsen war, wo es Vertrauen, Liebe und Geborgenheit gab. Das gab ihm Halt. Er hatte längst gelernt, dass Gott es war, der den Tisch im Angesicht der Feinde deckt. Aber die gläubige Familie war eine andere Welt. Was zu Hause gesprochen wurde, durfte nirgends sonst erzählt werden, denn es stimmte nicht mit der staatlich verordneten Ideologie überein.

Die Jahre vergingen. Wenigstens konnte er zur Schule gehen und seinen Abschluss machen.

In seinem Herzen war Kurt längst ein Jünger von Jesus geworden. Trotz aller politischen Schwierigkeiten war er getauft und konfirmiert worden. So lernte er in der Schule und in der Öffentlichkeit zu sagen, was man hören wollte; zu Hause wuchsen sein Glaube und sein Vertrauen zu Gott. Er entschied sich, Pfarrer zu werden, und meldete sich an der Theologischen Hochschule an. Um gute Voraussetzungen für sein Theologiestudium zu bekommen, machte er in seiner evangelischen Kirche ein Praktikum an der Seite des Diakons. Aber eine soziale Sicherheit war für die Pfarrer in der DDR nicht gegeben, denn Christen wurden nicht nur nicht unterstützt, sondern bekämpft. Und das Gehalt für einen Pfarrer war nicht viel mehr als Sozialhilfe, sofern es die überhaupt schon gab.

Deshalb beschloss Kurt, vor dem Studium noch eine Ausbildung zum Werkschlosser zu machen. Ein ordentlicher Beruf konnte ja nicht schaden.

In seiner neuen Firma fühlte er sich pudelwohl. Die Kollegen waren in Ordnung und die Arbeit machte Spaß. Pläne für Bohr- und Fräsmaschinen, Maschinenteile an der Drehbank und in der Schmiede herstellen, das alles gefiel ihm gut. Das wurde sein schöner neuer Alltag. Er ging die Woche über auf Arbeit und am Sonntag mit der Familie in die Kirche. Alles sah so gut aus. Doch dieser Frieden in Kurts Leben sollte nicht so bleiben.

Da gab es Leute in den Firmen, die die Aufgabe hatten, die Kollegen zu beobachten und zu horchen, ob denn nicht etwa noch Nazis da waren und ob nicht jemand den neuen sozialistischen Frieden stören wollte. Kurt brauchte von seinem christlichen Glauben in der Firma gar nichts zu sagen, die wussten das auch so. Der Meister wusste auch, dass Kurt einmal Pfarrer hatte werden wollen. Das war für den neuen Sozialismus aber gar nicht passend! Es brauchte Leute, die die Grenze zu Westdeutschland sicherten und den Sozialismus verteidigten, denn die Nazis, so sagte man ihm, hatten sich alle nach dem Westen abgesetzt und schmiedeten dort Pläne, um die neu gegründete Deutsche Demokratische Republik wieder zu zerstören.

Im kapitalistischen Westen würden die Menschen wieder wie eh und je ausgebeutet. Das sollte es in der DDR mithilfe der siegreichen Sowjetunion und des Marxismus-Leninismus nie wieder geben. Hier sollte die Arbeiterklasse regieren. Im Sozialismus gehörte die Ausbeutung der Vergangenheit an. Deshalb werde man eines Tages auch die Menschen im Westen Deutschlands vom Kapitalismus befreien, denn auch diese Arbeiterkinder sollten kostenlos lernen und studieren dürfen. Das war die Rhetorik der Kommunisten in der DDR.

Wieder und immer wieder fragte man Kurt, ob er auch die DDR und den Sozialismus verteidigen wolle. „Ich will schon, dass der Sozialismus verteidigt wird, aber ich glaube, ich bin dazu nicht der richtige Typ", sagte Kurt nicht nur einmal in den immer wiederkehrenden Gesprächen.

„Sag mal, Kurt, du hast den Krieg doch erlebt und weißt, wie schlimm die Nazis sind. Willst du, dass die wieder aus dem Westen hierherkommen und wieder Krieg machen?"

„Nein, das will ich auf gar keinen Fall", antwortete er.

Nun hieß es schon: „Dann musst du aber mit uns mitkommen, wenn du kein Klassenfeind sein willst, und dein Gott will doch auch Frieden, oder?"

Klassenfeind? Nein, das wollte er nicht sein, aber er wollte auch nicht bei der Stasi arbeiten, sondern Pfarrer werden. Das war eine schwierige Situation für einen jungen Mann, der nicht nur keine politischen Vorbilder in seiner Kindheit gehabt hatte, sondern der in jedem System gelernt hatte, sich anzupassen, denn sonst gab es erhebliche Probleme bis hin zu Gefängnis und gar Tod. Und davor hatte er Angst.

Aber wie sollte er seinen Eltern sagen, dass er auf Drängen der Genossen bereits in die neu gegründete SED eingetreten war, um für seine Zukunft nicht alle Chancen zu verspielen, und dass er deshalb aus der Kirche ausgetreten war?

Die Eltern fragten ihn: „Kurt, weshalb kommst du nicht mehr mit zur Kirche?"

Da nahm er allen Mut zusammen und sagte, was geschehen war. Seine Eltern und seine Geschwister starrten ihn an. Es herrschte absolute Stille. Dann sagte seine Mutter mit Tränen in den Augen: „Mein Junge, das kannst du doch nicht machen! Du musst von der Stasi wieder weg!"

„Das geht nicht, Mutter, die sperren mich ein. Das überleb ich nicht", antwortete er.

Dann ergriff sein Vater das Wort: „Wenn du mit diesen Leuten mitgehst, dann gehörst du nicht mehr zu unserer Familie." Wum. Das war ein Dolchstich in Kurts Herz.

Und es kam tatsächlich so. Statt Theologie zu studieren, ging Kurt von zu Hause weg nach Potsdam und studierte bei der Staatssicherheit. Dort lernte er unter anderem alles über „die Zersetzung der Persönlichkeit". Tatsächlich: Mehrere Tausend Leute wurden in der DDR ausgebildet, um andere Menschen systematisch psychisch zu zerstören.

Seine Familie hatte er verloren, seine Geschwister, seine Freunde und Kollegen, seinen schönen Arbeitsplatz. Ob er neue Freunde finden würde?

Sehr schnell merkte Kurt, dass er in einer Truppe gelandet war, wo es nicht um Gefühle und ums Wohlfühlen ging. Es gab Befehle und Weisungen. Darüber dachte man nicht nach, das tat man einfach. Aber Kurt konnte das Nachdenken nicht lassen. Da war etwas, womit er nicht mehr gerechnet hatte – Gott. Als Kurt als Kind sein Leben in die Hand von Jesus gelegt hatte, da hatte Gott zu ihm gesagt: „Niemand wird dich mehr aus meiner Hand reißen. Du bist mein."

Wir Menschen versprechen schnell mal etwas und wie schnell ist es wieder vergessen. Ein Kind erst recht. Kurt hatte Gott den Rücken gekehrt, aber nicht so Gott. Wenn ein Mensch Kind Gottes wird, hält der Heilige Geist Einzug in sein Leben und er geht nicht wieder, wenn jemand dann andere Wege geht und Gott untreu wird. Wir Menschen tun das recht oft. Aber Gott ist treu, selbst dann, wenn wir es nicht mehr sind. Was viele Menschen nach meiner Erfahrung nicht zu haben scheinen, ist ein Gewissen; Kinder Gottes haben das aber.

Deshalb sah Kurt bei seinem Studium in Potsdam an allen Ecken und Enden, dass etwas nicht stimmte. Da gab es völlig sinnlose Befehle. Da wurde ohne Skrupel darüber gesprochen, wie man Menschen seelisch fix und fertig machen konnte. Von Menschenwürde war nicht mehr die Rede, obwohl das in der neuen Verfassung der DDR stand.

Ab und zu konnte Kurt nicht mehr an sich halten und stellte Fragen. „Genosse, Sie denken zu viel. Bei uns wird nicht gedacht. Bei uns gibt es Befehle und Weisungen, weiter nichts!" Das war die Antwort für ihn. Und dann sagte man ihm: „Genosse, deine Meinung ist falsch!"

„Was?", dachte Kurt, „ich habe doch nur gesagt, was ich denke und fühle, weiter nichts, noch nicht einmal, dass ich an Gott glaube. Habe ich falsche Gefühle und falsche Gedanken?" Genau das wollte man ihm weismachen. Und genau so sollte er selbst künftig mit anderen Menschen verfahren. Dadurch wurde man unsicher und hilflos, man wusste nicht mehr, wie man denken und fühlen musste, um „richtig" zu sein. Außer jene Menschen, die ein festes Fundament hatten, nämlich Christen, die wussten, wie man betete. Sie waren gewiss, dass Gott das letzte Wort hatte, denn Jesus ist die Wahrheit und nicht der Kommunismus. Und genau das wussten auch Kurts Vorgesetzte und die Ideengeber des Sozialismus und Kommunismus, an der Spitze Marx, Engels und Lenin, hatten sie doch allesamt in ihrer Kindheit und Jugend das Beten zu Jesus Christus und die Kraft des Gebets kennengelernt – und sich abgewandt. Sie wollten mächtiger als Gott werden. Karl Marx wollte „gottgleich durch die Trümmer der Welt" wandern (in: „Menschenstolz", vgl. S. 122). Um ein solches Ziel zu erreichen, musste man entweder Christen den Glauben ausreden oder sie so ängstigen, damit sie sich davon abwandten. Oder noch besser: Man sorgte dafür, dass die Menschen gar nicht erst etwas vom christlichen Glauben erfuhren.

Das wurde zu einem großen inneren Konflikt in Kurts Leben. Irgendwann sagte er sich: „Warum soll ich mich immer aufregen, das hat ja sowieso keinen Zweck." Und er fing an, schweigend alles hinzunehmen, sein Gewissen zu betäuben. Freunde, richtige Freunde, hatte er nicht mehr. Man konnte ja nie wissen, ob nicht der Genosse, dem man gerade ein persönliches Geheimnis anvertraut hatte, einen bei der nächstbesten Gelegenheit kritisierte.

Heimweh! Es überkam ihn nicht selten. Da waren Wochenenden und Feiertage, an denen die meisten nach Hause gefahren waren. Aber Kurts Eltern wollten das nicht mehr, seit er bei der Stasi und der Partei war. Es war eine sehr schwere Zeit für ihn.

Nicht selten dachte er darüber nach, wie er vielleicht doch bei der Stasi aussteigen könnte. Aber er fand keinen für ihn gangbaren Weg. Er wusste sehr wohl: Wenn er überhaupt überlebt hätte, hätte er keinerlei berufliche Chancen mehr gehabt, jedenfalls nicht, solange der Sozialismus existierte. Und es gab ja auch Dinge in der DDR, die er gar nicht so übel fand, die er schon für verteidigungswürdig hielt. Das Ziel: „Jeder nach seinen Fähigkeiten, jeder nach seinen Bedürfnissen", soziale Gerechtigkeit für alle, Frieden – na klar, das alles wollte er auch. Und deshalb blieb er bei der Stasi. „Vielleicht sind es nur die Vorgesetzten, die falsch denken und handeln, nicht die Ziele. Menschen können sich doch ändern", so dachte er.

Kurt heiratete und bekam vier Kinder. Da er als Jugendlicher seine eigenen Eltern und Geschwister verloren hatte, war ihm nun die Familie besonders wertvoll. Aber keines der Kinder war glücklich, dass der Vater bei der Stasi arbeitete. Normalerweise erzählten die Eltern zu Hause von ihrer Arbeit in den Betrieben, aber Kurt hatte totale Schweigepflicht. Und nicht jeder Tag war für Kurt leicht. Aber er konnte nie darüber sprechen. Da blieben Spannungen und Misstrauen in der Familie nicht aus.

Bei seiner Behörde arbeitete er sich hoch bis zum Offizier. Und er sah zunehmend mehr „Störenfriede" in der DDR. Das waren Menschen, die unerlaubt Fahnen schwangen und auf der Straße Sprüche gegen den Sozialismus riefen. Manchen wurde sogar vorgeworfen, dass sie im Ausland Gruppen gegründet hätten. Die wollten angeblich die DDR unterminieren. Die Stasi nannte solche Leute nicht Menschen, sondern „negative dekadente Elemente". Diese „Elemente" ließ Kurt observieren, denn er musste an seinen General Ermittlungsberichte über sie schreiben. Um an Informationen über diese „Elemente" zu kommen, brauchte er Informanten, Freunde, Kollegen, vielleicht sogar Ehepartner der Observierten oder andere Verwandte. Also musste er solche Leute anwerben, mit ihnen reden. Das hatte er in Potsdam ja gelernt, Gespräche zu führen, Menschen unsicher und abhängig zu machen. Dann schrieb Kurt seinen Bericht und der General entschied, ob man solch ein „Element" nicht besser für einige Zeit wegsteckte, ins Gefängnis. Da waren Mütter und Väter, die ihre Kinder nicht im Sinne des Sozialismus erzogen. Also musste dafür gesorgt werden, dass diese Kinder in eine Familie kamen, in der die sozialistische Erziehung gewährleistet wurde.

Wie wir heute wissen, gab es viele zwangsadoptierte Kinder in der DDR, viele tragische Schicksale.

Kurt wurde ein verlässlicher und bewährter Offizier. Er bekam die Treudienstmedaille des Ministeriums für Staatssicherheit und andere Auszeichnungen. Und ab und zu bekam er Spezialaufträge von Mielke oder Honecker, „Sondereinsätze zum Schutze der Deutschen Demokratischen Republik". Das war nicht ungefährlich, da wurde geschossen, da ging es um Leben und Tod. Aber er war ausgebildeter Scharfschütze, das heißt, er hatte gelernt, ganz gezielt Menschen zu erschießen. Spätestens bei solchen Einsätzen konnte er nicht mehr nachdenken, ob man auf andere Menschen schießen durfte oder nicht. Da galt es, das eigene Leben zu retten.

Bei solchen Einsätzen verlor Kurt auch manchen Genossen. Er selbst kam mit einem Schuss in die Schulter davon. Das war für ihn reine Glückssache, es hätte auch anders ausgehen können. Aber es war für ihn Ehrensache, einen Geheimnisträger, der aus der DDR in den Westen geflohen war, zurückzuholen, egal, ob tot oder lebendig; Hauptsache, der Westen konnte ihn nicht behalten. Und diese Flüchtlinge mussten dann alternativlos ins Zuchthaus, meistens nach Bautzen. Dann musste Kurt sich darum kümmern, was aus diesen Leuten wurde. Es sei denn, sie starben in der Haft. Dann hatte sich „das Problem" für ihn erledigt. Das war für Kurt manchmal auch nicht schlecht, das machte seine Arbeit den Vorgesetzten gegenüber leichter.

Die Jahre vergingen. Die Forderungen an Kurt, die Überwachung der Menschen zu verstärken, wurden immer lauter. Er musste Menschen überwachen lassen, bei denen er keinen Grund dafür sah. Diese ganze Überwachung wurde immer unlogischer. Kurt sah das immer weniger ein und immer öfter äußerte er sich kritisch gegenüber seinen Vorgesetzten. Bis ihm Mitte der 1980er-Jahre der Kragen platzte. Er ging zu seinem Oberst und ließ all seinen Frust raus. Er brüllte seinen Vorgesetzten an! Kurt hatte es einfach satt, sich immer wieder sagen zu lassen: „Genosse, du denkst zu viel. Wir haben Weisungen und Befehle, darüber denkt man nicht nach, das tut man einfach." Nein, noch einmal durfte ihm das keiner sagen. Sein Frust hatte sich über viele Jahre angestaut und Kurt sagte alles, was er dachte. Er hatte nie aufgehört zu denken. Er hatte auch den Sozialismus und die DDR geliebt und verteidigen wollen. Aber so, wie man mit den Menschen in diesem Land umging, das konnte er nicht mehr ertragen. Er brüllte, bis ihm die Luft ausging.

Dann stand der Oberst auf. Kurt musste seine Uniformjacke ausziehen – und wurde in den Karzer gesteckt, bei Brot und Wasser. Dort kam Kurt zum Nachdenken und fing an, um sein Leben zu bangen. Er wusste: Der Oberst und der General hatten nicht nur einmal dafür gesorgt, dass ein allzu kritischer Genosse nicht wiederkam.

Kurt hatte Glück. Seinen Posten als Offizier war er los. Er wurde degradiert und durfte nur noch den Lkw fahren, aber er überlebte.

Nicht lange und dann kam die Wende in der DDR, die Mauer ging auf. Nun durften endlich alle Menschen sagen, was sie dachten, fühlten und glaubten. Nach der Wiedervereinigung durften die Menschen das in Ostdeutschland zwar sagen, aber viele konnten es nicht. Sie hatten gelernt, das zu sagen, was der Staat hören wollte. Die Menschen hatten nicht gelernt, eine eigene Meinung zu haben, die meisten jedenfalls nicht. Es sei denn, die Eltern, die ihren Kindern den christlichen Glauben nahegebracht hatten.

Diese Kinder lernten zu Hause auch Statuten und Parteiprogramme zu lesen und zu bewerten.

Bei den Pionieren stand im Statut, dass die Kinder ihre Feinde hassen sollten. Die Bibel sagt aber: „Liebe deine Feinde und segne sie." Im Parteistatut stand: „Kritik und Selbstkritik ist das Entwicklungsgesetz der Partei." Die Bibel sagt: „Ermutige andere zu einem Leben nach Gottes Geboten und liebe sie." So hat Gott selbst dafür gesorgt, dass Christen das Denken nie aufgegeben hatten. Im Gegenteil. Die Bibel sagt: „Prüft alles, und das Gute behaltet." Wer das getan hatte und dann zu seiner Meinung stand, war vom Sozialismus nicht mehr manipulierbar, hatte deshalb aber auch keine Chance auf Abitur und Studium. Aber genau diese Christen wurden selbstbewusste und charakterfeste Menschen. Sie wurden geleitet vom Heiligen Geist, von Jesus, vom Vater im Himmel. Sie hatten ihr Leben auf ein festes Fundament gebaut und waren nicht wie die Blätter im Wind, die einmal der Nationalsozialismus und ein andermal der Sozialismus umherwedeln kann.

Der 9. November 1989 – der Tag des Mauerfalls in Berlin. Der 3. Oktober 1990 – der Tag der Wiedervereinigung Deutschlands. Die Menschen jubelten und feierten. Selten zuvor in der Geschichte Deutschlands waren die Menschen so glücklich wie in dieser Zeit.

Alle Deutschen? Nein. Kurt gehörte nicht dazu. Jahrzehnte hatte er für die DDR gearbeitet, viele Jahre hatte er alles für eine, für seine Sache eingesetzt, den Sozialismus aufzubauen und zu verteidigen. Dafür hatte er sogar seine Familie verloren und nun fiel alles wie ein Kartenhaus zusammen. Alles, wofür er gekämpft hatte, war null und nichtig; vierzig Jahre aufopferungsvolle Arbeit in den Sand gesetzt.

Jesus gebrauchte dafür das Bild vom Haus auf dem Felsen. Wer so baute, hatte ein festes Fundament. Wer sein Haus auf Sand baute, würde es beim nächsten Unwetter verlieren, der Regen würde es wegspülen oder der Wind es umblasen und zerstören.

Man möchte meinen, Kurt müsste das alles gewusst haben. Ja, er wusste es auch. Aber er war wie der Sohn in der Bibel, der sein Erbe haben wollte, um dann das zu tun, was er selber wollte. Der verlorene Sohn. Nur gut, dass Gott nicht so ist wie manche Eltern. Wenn wir untreu sind – Gott ist dennoch treu. Wir sind für immer seine Kinder, auch wenn wir uns jahrelang und jahrzehntelang verlaufen. Gott sieht unseren Weg. Wie dankbar konnte Kurt sein, dass er Eltern und Geschwister hatte, die für ihn die vielen Jahre gebetet hatten.

Nach der Wiedervereinigung wollte Kurt so gern mit seiner Familie wieder Frieden schließen. Aber das war nicht möglich. Die Familie, seine Geschwister und seine Kinder wollten das nicht mehr. Alle Bemühungen blieben fruchtlos. Was der Mensch sät, das muss er auch ernten, wie es in der Bibel heißt. Kurts Leben zeigt, dass es stimmt, auch wenn es bitter ist.

Der einst gefürchtete Stasimann war nun zur Zielscheibe geworden. Man hatte ihn auf offener Straße zusammengeschlagen, sodass er hinterher nur noch mit dem Rollator gehen konnte. Übelste Verleumdungen wurden im Wohngebiet über ihn verbreitet. Ob Kurt es jemals noch verstehen und einsehen wird, weiß ich nicht, aber Tatsache ist, dass Kurt in den vierzig Jahren DDR in vieler Menschen Leben eingegriffen hatte. So viele Menschen wurden durch sein Tun seelisch zerstört, Familien gingen kaputt, Kinder verloren ihre Eltern und vieles andere mehr. Und all diese

Opfer des schrecklichen Systems der Staatssicherheit leben heute in unserem Land und müssen mit dieser Vergangenheit umgehen. Die einen können es besser, sie haben das genutzt, was ihnen nicht geraubt werden konnte. Sie haben sich nach der Wende eine neue Existenz aufgebaut. Andere dagegen sind in ihrem Leid stecken geblieben, sind bis heute verbittert. Sie haben noch immer Rachegedanken. Solche Menschen waren es auch, die Kurt zusammenschlugen, ihn bespuckten und beschimpften. Danach besorgte sich Kurt Waffen, um sich im Notfall zu verteidigen.

Mir tun die Opfer leid, dass sie bis heute nicht wieder Fuß gefasst haben. Wie schlimm muss es sein, wenn ich am Morgen in den Spiegel schaue und traurig bin, weil andere mein Leben zerstört haben! Und am Abend bin ich voller Hass, weil jene, die das zu verantworten haben, immer noch auf freiem Fuß sind und sich noch nicht einmal entschuldigen für das, was sie anderen Menschen angetan haben. Wer so lebt, der tut mir wirklich leid, der hat keinen Tag Freude.

Aber Leute, die anderen Menschen endlos Leid zugefügt haben und es bis heute nicht einsehen, tun mir genauso leid. Diese ehemaligen Mitarbeiter der Staatssicherheit haben unendlich große Schuld auf sich geladen. Wie werden sie eines Tages vor Gott stehen?

Die Opfer mit ihrem Hass – Gott wird sie fragen: Warum hast du nicht vergeben?

Die Täter mit ihrer Uneinsichtigkeit – Gott wird sie fragen: Warum hast du nicht um Vergebung deiner Schuld gebetet? Es ist eine Tragik. Eine Tragik ohne Ende?

Warum arbeiten wir diese vierzig Jahre deutsche Teilung nicht auf?

Da sind unzählige Opfer, die mir immer wieder sagen: „Wir haben keinen Menschen, mit dem wir über unser

Schicksal reden können." Und da sind die Täter, die nicht selten wie Kurt Verführte sind. Sie haben heute keinen Halt mehr im Leben. Und auch sie sagen mir: „Uns versteht keiner, wir haben nur unsere Arbeit gemacht, den Sozialismus vor der Invasion des Westens geschützt." Sie fühlen sich alle miteinander unverstanden und warten auf Hilfe. Opfer und Täter suchen alle miteinander Orte zum Reden, um mit dem Erlebten weiterleben zu können.

Es gibt Tage, da steht mein Telefon nicht still.

Kurt gehört zu den wenigen, die ich zu Hause besuchen konnte.

Ob er wusste, dass ich zwar auch Mitglied der SED war und dadurch allerhand Schuld auf mich geladen hatte, dass ich aber auch Opfer des Systems der DDR gewesen war?

Es kam der Tag, an dem ich bei ihm zu Hause war. Ich begegnete keinem stolzen Offizier. Nein, vor mir stand ein gebrochener alter Mann mit Rollator.

Wir setzten uns ins Wohnzimmer an den Tisch einander gegenüber und er fing an zu erzählen. Ich fragte ihn: „Was hast du wirklich bei der Stasi gemacht?"

„Ich darf dir das nicht sagen", war seine Antwort, „ich habe auf Lebenszeit Schweigepflicht."

„Wem gegenüber?", fragte ich.

„Der DDR gegenüber", sagte er.

„Die DDR gibt es nicht mehr und deshalb auch keine Schweigepflicht", sagte ich, „aber es gibt Sünden, schreckliche Sünden. Die muss man bekennen, damit sie vergeben werden können. Dafür ist Jesus am Kreuz gestorben, auch für die Sünden der Stasi, auch für dich, Kurt."

Wir hatten ein langes Gespräch. Sein innerer Mensch fing wirklich an zusammenzubrechen. Er hatte ja alles, aber auch alles verloren, was man im Leben verlieren kann.

Ich fragte mich im Stillen: „Ob der Mann einsieht, wie schuldig er vor Gott und den Menschen ist?" Gleichzeitig sah ich wieder meine traurige Vergangenheit in der Psychiatrie. Genau solche Leute wie Kurt hatten meine Familie und mein Leben zerstört. In mir fing alles an kalt zu werden. Irgendwie wurde ich zum Eisblock. Und genau in dem Augenblick zeigte Kurt auf die großen Narben an meinem Arm und fragte, was ich da gemacht hätte.

Nun fing ich an zu erzählen, was mir geschehen war. Ich sah, wie Kurt wie ein Häufchen Unglück in sich zusammenfiel, schmerzverzerrt im Gesicht, und weinte. Damit hatte er wohl nicht gerechnet, dass ein Opfer vor ihm saß – und ihn nicht anklagte und verurteilte, sondern ihm helfen wollte.

Er wollte meine Hände anfassen. Ich zog sie aber weg mit den Worten: „Nein, Kurt, an deinen Händen klebt Blut. Ich kann doch nur froh sein, dass du nicht mein Mörder geworden bist!"

Wortlos nickte er. Es brauchte auch keine Worte, um zu sehen, wie schuldig Kurt sich fühlte.

In diesem Moment wurde ich wieder daran erinnert, wie Corrie ten Boom einst in einer deutschen Kirche dem Mörder ihrer Schwester begegnete, der sie um Vergebung bat und ihr seine Hände entgegenhielt. Auch Corrie ten Boom konnte die Hände des Mörders nicht anfassen. Und dann überwand sie ihre Abwehr, gab ihm die Hand, alle Bitterkeit schmolz in ihr zusammen und sie fand Heilung über ihrer Traurigkeit.

Als ich daran dachte, nahm ich Kurts Hände und sagte: „Kurt, ich kann es nicht, aber in meinen Händen fließt das Blut Jesu, deshalb kann ich dir die Hände zur Vergebung reichen."

Das war einer der emotionalsten Momente in meinem Leben.

So etwas kann nur durch Gottes Gnade geschehen. Ich hatte ein solch großes Mitgefühl für Kurt bekommen, dass es mir ein Bedürfnis wurde, ihn zu umarmen und zu sagen: „Kurt, deine Sünden sind dir vergeben. Du bist ein Kind Gottes. Dein Name steht im Buch des Lebens. Das Blut von Jesus hat dich reingewaschen von aller Schuld. Du bist mein Bruder." Dann umarmten wir uns, weinten und freuten uns zusammen.

Nach drei Stunden wollte ich wieder gehen. Als ich schon im Flur stand, bat er mich, noch einen Moment zu warten. Er ging in sein Schlafzimmer und brachte seine Waffen. Er sagte: „Ich will die dir geben, ich brauch die jetzt nicht mehr." Ehrlich gesagt wollte ich sie nicht in die Hand nehmen und fragte:

„Wozu hast du die bisher gebraucht?"

„Um mich zu verteidigen", war seine Antwort.

„Und wer verteidigt dich jetzt?", wollte ich wissen.

„Jetzt beschützt mich Jesus!"

Da wusste ich, dass in Kurts Leben ein Wunder geschehen war. Ich nahm dieses Zeug mit und gab es möglichst schnell in kompetente Hände.

Später schrieb er ein persönliches Schuldbekenntnis. Es endet mit den Worten: „Ich möchte alle Opfer der Staatssicherheit um Vergebung bitten. Ich bete für Sie. Gottes Segen, Kurt."

Kurt ist längst in einer Gemeinde integriert, hat neue Freunde und liebe Brüder und Schwestern in Christus gefunden. Er liest die Bibel und singt noch immer gern das Lied „Eine feste Burg ist unser Gott".

Der verlorene Sohn hatte nach Hause gefunden.

Ich war in der DDR Offizier bei der Staatssicherheit, dort war ich viele Jahre verantwortlich, Menschen zu beobachten, gegen sie zu ermitteln. Dafür habe ich Informanten angeworben.

Dann habe ich über diese Personen Ermittlungsberichte geschrieben, worauf einige ins Gefängnis gekommen sind.

Mitte der 80. Jahre habe ich mich konsequent geweigert meinem Oberst gegenüber, gegen die Art und Weise, wie man mit den Menschen in der DDR umgegangen ist.

Anschließend wurde ich degradiert & eingesperrt. Danach durfte ich nur noch LKW fahren und niedrige Arbeiten ausführen.

Trotz allem habe ich große Schuld auf mich geladen.

Ich möchte alle Opfer der Staatssicherheit um Vergebung bitten. Ich bete für sie Gottes-Segen.

Kurt

Kurt, der ehemalige Stasi-Offizier, schrieb diese Erklärung über seinen Werdegang, seinen Widerstand gegen das Handeln der Stasi und wie er heute, viele Jahre später, sein Tun einschätzt:

Ich war in der DDR Offizier bei der Staatssicherheit, dort war ich viele Jahre verantwortlich, Menschen zu beobachten, gegen sie zu ermitteln. Dafür habe ich Informanten angeworben.

Dann habe ich über diese Personen Ermittlungsberichte geschrieben, worauf einige ins Gefängnis gekommen sind.

Mitte der 80er-Jahre habe ich mich konsequent gewährt meinen Obersten gegenüber, gegen die Art und Weise, wie man mit den Menschen in der DDR umgegangen ist. Anschließend wurde ich degradiert und eingesperrt. Danach durfte ich nur noch Lkw fahren und niedrige Arbeiten ausführen.

Trotz allem habe ich große Schuld auf mich geladen.

Ich möchte alle Opfer der Staatssicherheit um Vergebung bitten. Ich bete für Sie
Gottes Segen.
Kurt

Zum Schluss

So oft wurde ich gefragt, ob ich denn nicht ein Buch schreiben wollte.

Ja, ich wollte schon, aber ich fühlte mich nicht dazu in der Lage, war die Erinnerung an die schwerste Zeit meines Lebens doch zu schmerzlich, als dass ich monatelang immer wieder über diese Zeit nachdenken wollte.

Aber es gab Argumente, die mich letztlich überzeugten, noch einmal durch das Tal der Tränen zu gehen. Man sagte mir: „Ihr Zeugnis gehört nicht Ihnen. Sie dürfen das nicht für sich behalten. Sie müssen das aufschreiben, damit die Welt es glauben kann."

Den letzten Anstoß bekam ich von einem Mann, der mich sehr ernsthaft anschaute und sagte: „Wenn Sie den Opfern keine Stimme geben, dann haben die keine!" Immer und immer wieder klangen diese Worte mir im Ohr, bis ich mich entschied zu schreiben. Nicht um meinetwillen, aber für die Opfer der DDR-Diktatur und für all jene, die noch immer nicht wissen, wie menschenverachtend der Kommunismus ist. Inzwischen sind es mehr als zwanzig Jahre, dass ich mit diesem meinem Zeugnis in der Welt unterwegs bin. Und immer ging es mir darum, den Menschen zu sagen: Gott ist größer als alle unsere Not, wie immer sie heißen mag. Es gibt keine Finsternis, in die Jesus mit seinem Licht und seiner Liebe nicht hineinkommen könnte. Wenn *Er* uns hilft, dann ist uns wirklich geholfen.

Oft sagte man mir: „Wie können Sie an Gott glauben, wenn Sie so Schlimmes erlebt haben?"

Gott hat mir nichts Schlimmes angetan. Er hat mich

immer geliebt, hat mir letztendlich sogar mein Leben gerettet. Menschen haben das getan! Wir Menschen sind Sünder, nicht Gott. Und deshalb hat unser Vater im Himmel Jesus in die Welt gesandt, damit er die Strafe für unsere Sünden trägt. Das hat mich gerettet. Dafür bin ich ihm unendlich dankbar und vertraue ihm mein Leben an.

Als ich damals in der Bibel las: „Denen, die Gott lieben, werden alle Dinge zum Besten dienen, denen, die nach seinem Ratschluss berufen sind", antwortete ich Jesus: „Das möchte ich sehen, wie so schreckliche Dinge Gutes bewirken sollen." Er zeigte es mir.

Seit dieser Zeit bin ich Tausenden von Menschen begegnet und konnte sehen, wie sie Mut und Zuversicht, neue Kraft und Hoffnung bekamen, wenn sie hörten, wie mein Leben mit der Hilfe von Jesus völlig neu und schön wurde.

Ich habe den Segen in meinem Leben nicht verdient. Ich habe viele Jahre das Kreuz verachtet und bin falschen Göttern nachgelaufen. Und doch hatte Jesus nie aufgehört, mich zu lieben.

Eines kann ich mit Gewissheit heute sagen: Der größte Schmerz und die traurigste Zeit meines Lebens wurden zum größten Gewinn für mich selbst und zum großen Segen für viele Menschen. Nie war Gott mir näher als in meiner tiefsten Verzweiflung.

Viele Brüder und Schwestern haben mir in all den Jahren auf verschiedenste Weise geholfen, mit ihren Gebeten, ihren ermutigenden Worten und ihren Spenden. Viele haben mich in ihren Häusern beherbergt und umsorgt. Ohne sie wäre mein Dienst in den vielen Gemeinden nicht möglich gewesen. Jedem Einzelnen bin ich dafür sehr dankbar. Möge Gott sie alle dafür reich segnen.

Aber mein Leben, wie es heute ist, das ist allein Sein

göttliches Werk. Es sind Seine Wunder, die *Er* in meinem Leben getan hat. *Er,* der in die tiefste Finsternis kam und mich erlöst hat. Jesus, der sagt: Du bist mein!

Mein bester, liebster Freund – Jesus.

Amen.

Nachwort

Psychiatrie und Staat gehen von jeher unheilige Allianzen ein. Je nach Zeitgeist definieren Gesellschaften Freiheit sehr unterschiedlich. Subjektbezogen ist dasjenige Individuum frei, das für sich aus realen Gegebenheiten das Optimale auswählen kann. Dieses Modell ist Teil freiheitlicher Gesellschaften.

Hierarchische Gesellschaften und das organisierte Rechtssystem bevorzugen einen objektbezogenen Freiheitsbegriff, der darin besteht, dass der Einzelne für oder gegen das Recht entscheiden kann. Die Richtung der Entscheidungen erfolgt über Repressionen, mit denen die Individuen in die gewollten politischen Ordnungen geführt werden. So hat auch die totalitär organisierte DDR mittels der Staatsdoktrin den Zeitgeist definiert und bediente sich für einen Teil der Abweichler der Psychiatrie. Das Unrecht verblieb bei der Justiz und den Gesetzen, die Unvernunft wurde der Psychiatrie und den Diagnosen anvertraut. Man schuf Verrückte, die die Wirklichkeit verkannten, und Eigentümliche, die sich nicht an die gesellschaftlichen Normen hielten. Die Repression sicherte so die Grenzen des Systems.

Jedoch waren Ärzte und Patienten gleichermaßen Opfer. Die ärztliche Sozialisation erfolgte in einem System des Ein- und Ausgrenzens, das selbst Ausdruck des gesellschaftlichen Auftrags und Zeitgeistes war. Die Stellung innerhalb des Systems war Ausdruck der Identifikation mit dem System. Der Patient war darin der Geringste. Die Sprache des Arztes war die Eigenlogik, mit dieser monologisierte man mit der Psychopathologie die Grenzen der Vernunft und sicherte die Ordnung. Damit verlor man mit dem Werkzeug und der Ordnung das Menschliche und Individuelle.

Das Privileg der Kerngruppe der Verrückten, im Nachgang das Falsche der Wahrnehmung, eines Wahnes oder eines falschen Affektes akzeptieren zu können, blieb den Eigentümlichen verwehrt. Diese lebten das Gefühl des erlebten Unrechts auch in der Zukunft unverändert weiter. Denn für die Auseinandersetzung mit der sozialen Wirklichkeit oder der persönlichen Biografie reglementiert zu werden, erschien paradox und die folgende Stigmatisierung als unerträglich.

Für Karin Bulland traf dieser Prozess zu, den sie im Sinne Kafkas schildert. Sie erlebte die Grenzsetzung eines politischen Systems, das vorgab, dem Volk zu dienen. Als unvernünftig eingeschätzt erlebte sie die Ausgrenzung in der Psychiatrie, das ihr entgegengebrachte Unverständnis und die Hilflosigkeit. Dennoch schildert sie kein unentrinnbares Labyrinth, sondern in ihrem gelebten Leben auch die Hoffnung, dem entrinnen zu können. Dies kann man als Hommage an diejenigen verstehen, die diesen Weg nicht fanden.

Im Sommer 2016
Dr. med. Peter Grampp
Leitender Chefarzt
Fachkrankenhaus Hubertusburg

Hat Ihnen dieses Buch gefallen?
Schreiben Sie's uns auf www.brunnen-verlag.de
Ihre Meinung zählt!

Albrecht Kaul

Wegen Gefährdung des sozialistischen Friedens

Bewegende Schicksale von
Christen in der DDR

128 Seiten, Hardcover
ISBN Buch 978-3-7655-1781-5
ISBN E-Book 978-3-7655-7164-0

So unterschiedlich wie das Leben sind die Schicksale der 14 Christen, von denen Albrecht Kaul hier erzählt. Sie wurden in der DDR wegen ihres konsequenten Glaubens unter Druck gesetzt oder bedroht. Sie wurden bespitzelt oder eingesperrt. Aber sie erfuhren auch Gottes Hilfe, ja manchmal sogar Wunder: Theo Lehmann (Chemnitz), Harald Bretschneider („Schwerter zu Pflugscharen"), Thomas Küttler (Plauen), Christian Führer (Montagsgebete, Leipzig) und andere.

Spannend und bewegend ist ihr Weg, mit ihrer Hoffnung, ihrer Angst und Unsicherheit, ihren mutigen Entscheidungen.

BRUNNEN VERLAG GIESSEN
www.brunnen-verlag.de

Conny Schramm

Mein ungebügeltes Leben

112 Seiten, Taschenbuch
ISBN Buch 978-3-7655-4302-9
ISBN E-Book 978-3-7655-7461-0

„Im September 1965 erblickte ich in Potsdam – nur drei Kilometer von der Grenze zu Westberlin entfernt – das Licht der Welt. Drei Kilometer, die mein Leben nachhaltig beeinflussen sollten. Ich war hin- und hergerissen – auf der einen Seite mein christliches Elternhaus, auf der anderen der ‚real existierende Sozialismus' im Schulalltag. Dieser Spagat wurde mit zunehmendem Alter immer schwieriger. Da half nur noch Humor und Protest. Als ich dem armen, nackten Schulskelett ein blaues FDJ-Hemd überzog, drohte eine Katastrophe. Die Lehrerin war außer sich: ‚Wer prophezeit hier den Untergang der DDR-Jugendorganisation!?' Und dann verliebte ich mich auch noch unsterblich in Henry …"

Spannend und originell erzählt Conny Schramm von ihrer Kindheit und Jugend in der DDR.

BRUNNEN VERLAG GIESSEN
www.brunnen-verlag.de